COMMENT INFLUENCER LES GENS

Pour motiver,
inspirer et obtenir les résultats
que vous souhaitez

HENRY
BORDELEAU

Table des matières

COMMENT INFLUENCER LES GENS

Motiver, inspirer et

obtenir les résultats que vous souhaitez

Henry Bordeleau

Avis de non-responsabilité

Les informations contenues dans cette publication sont de nature générale et ne constituent pas un avis professionnel. Il n'est pas destiné à fournir des conseils spécifiques pour des circonstances particulières et ne doit pas servir de base à une décision d'agir ou de ne pas agir sur une question qu'il couvre. Les lecteurs doivent obtenir un avis professionnel, le cas échéant, avant de prendre une telle décision. Dans toute la mesure permise par la loi, l'auteur et l'éditeur déclinent toute responsabilité envers quiconque, découlant directement ou indirectement d'une action ou d'une absence d'action basée sur les informations contenues dans cette publication.

Introduction :
La nouvelle réalité

Les compétences d'influence sont-elles importantes aujourd'hui ?

Quelle est l'importance de l'influence en face à face dans un monde de courriels, de textos et de médias sociaux ? Il est clair que l'influence a changé. Mais est-elle toujours aussi importante qu'avant ?

La manière dont les affaires et les ventes se déroulent aujourd'hui est sans aucun doute différente de ce qu'elle était auparavant. Les entreprises et les marques adoptent l'ère numérique. Elles utilisent plus que jamais les communications électroniques et les médias sociaux pour promouvoir et vendre. Nous vivons dans un monde où les décideurs sont en ligne et joignables 24 heures sur 24 et 7 jours sur 7. Être "hors du bureau" ne signifie plus rien, car les travailleurs s'engagent dans une nouvelle ère de recherche d'équilibre entre le travail et la vie privée.

Alors pourquoi la capacité d'influencer une vente ou une idée est-elle souvent devenue plus difficile ? Pourquoi le délai de signature d'un contrat s'est-il allongé pour tant d'entreprises ? Cela est dû principalement à trois raisons :

Dans le monde des affaires, le client est aujourd'hui protégé par ce que j'appelle le mur électronique ou, plus simplement, le e-wall. Comme son nom l'indique, il s'agit d'un mur virtuel d'e-mails et de médias sociaux derrière lequel vos clients peuvent désormais retarder ou remettre à plus tard le processus de décision lié à une vente ou à une proposition. Les experts en développement commercial sont alors incapables d'utiliser leurs compétences d'influence en face à face pour conclure l'affaire.

La personne qui présente la proposition se cache également derrière le mur électronique. Il est souvent plus facile de se contenter d'envoyer un courrier électronique que de forcer les choses pour créer un environnement où l'influence en face à face peut avoir lieu. Cela conduit à une longue partie de e-pong, que j'expliquerai dans la première partie de ce livre. D'une manière ou d'une autre, les délais pour conclure des affaires sont dépassés et souvent l'affaire est manquée simplement parce qu'il n'y a pas eu d'effet de levier créé par une rencontre réelle avec les décideurs.

Les gens ne sont plus aussi doués qu'avant pour influencer les gens en face à face. Le modèle de communication est devenu moins axé sur le face à face et il est désormais acceptable de faire des affaires par courrier électronique. Ne vous méprenez pas : nous devons tous embrasser l'ère numérique. Elle a fourni à notre monde un niveau sans précédent d'accès à la communication par simple pression d'un bouton. Cependant, les compétences d'influence en face à face ne sont pas devenues superflues. En fait, elles sont plus importantes que jamais si nous voulons apprendre à abattre le mur électronique.

Ce livre traite de l'influence des personnes dans la nouvelle réalité. Il s'agit d'embrasser le changement, tout en développant de véritables compétences de communication exceptionnelles. Il s'agit de vous donner ces compétences d'influence.

Les compétences présentées dans ce livre ne nient rien de ce qui se passe dans la société actuelle et elles adhèrent aux tendances de la nouvelle réalité. Je souhaite vous proposer une série d'outils qui vous aideront à trouver des solutions pour faire tomber certaines de ces nouvelles barrières . En commençant par reconnaître que la méthodologie d'entreprise est différente aujourd'hui, ce livre vous aidera à affronter la réalité. Je ne prêcherai pas une méthode qui ne reflète pas la façon dont les ventes et l'influence se font dans l'environnement réel. Votre meilleure chance d'influencer un décideur réside encore dans la communication en face à face.

Le public qui assiste à mes présentations est souvent composé de vendeurs. Ils veulent accroître leur capacité à influencer les autres et, ce faisant, augmenter leur chiffre d'affaires. Il existe généralement deux types de vendeurs. Il y a les vendeurs qui *aiment* être des vendeurs. Ces personnes aiment prospecter, aiment le frisson de la chasse, aiment présenter leur proposition de vente unique et aiment l'excitation de conclure la vente et de percevoir une commission. Si c'est votre cas, vous allez adorer ce livre. Le fait est que je vais partager avec vous des outils d'influence qui *fonctionnent parfaitement*. Vos résultats vont *augmenter*.

Pour le deuxième type de vendeur qui s'intéresse aux compétences d'influence, vous avez pris ce livre pour une autre raison. Vous ne vous considérez peut-être pas comme motivé par l'argent ou les commissions. Au contraire, votre rôle a peut-être changé au travail dans le climat économique actuel. Tout à coup, on vous demande de vendre aux clients. Peut-être que votre entreprise a subi un changement de culture et qu'elle est vraiment axée sur les résultats. Vous avez peut-être changé d'emploi et vous vous retrouvez à devoir vendre quelque chose. Peut-être est-ce quelque chose que vous n'avez jamais fait auparavant et vous cherchez des conseils pour vous lancer. Une fois encore, vous allez adorer ce livre.

Ce livre est rempli d'outils simples qui vous aideront à respecter votre budget et à vous engager sur la voie de la vente et de l'influence qui vous convient. Lors des nombreuses conférences sur la vente auxquelles je participe, il y a toujours un lien clair entre la croissance de l'entreprise et la capacité de l'équipe de vente à influencer les clients.

Récemment, je faisais une présentation lors d'une conférence sur les ventes à Hawaï. Après avoir terminé mon exposé, je me suis rendu dans un bar sportif pour regarder les finales de la NBA. Je me suis assis au bar et j'ai commencé à parler à l'homme à côté de moi. La conversation a commencé sur LeBron James et le niveau d'épices sur les ailes de poulet buffle que nous mangions lorsque nous avons commencé à parler affaires. Il était directeur national des ventes pour une entreprise mondiale de soins de la peau. Il s'est tourné vers moi et m'a posé une question très directe. ', vous parlez à toutes ces conférences. De quoi parlez-vous vraiment ? En fin de compte, qu'est-ce qui, selon vous, fait un excellent vendeur?"

Ma réponse est venue rapidement avec la congruence. "C'est facile", ai-je dit. La clé est la *certitude* et la *simplicité*. Les grandes personnes influentes sont certaines de ce qu'elles croient et elles sont capables de présenter leur message d'une manière simple pour que les gens puissent s'y retrouver".

Il a souri. C'est une excellente réponse. Tu as raison, c'est ça.

En réalité, il existe un grand nombre de vendeurs qui sont ce que j'appelle des PFN (product-flogging nerds). Vous pouvez observer les PFN en action lorsque leur idée de vente consiste à feuilleter les pages de leur proposition. Ils passent d'une page à l'autre en expliquant les graphiques qui démontrent la part de marché, les informations sur l'entreprise et l'augmentation des revenus. En fait, j'appelle ces vendeurs les PTPFN (page-turning product-flogging nerds).

De nombreux vendeurs lèvent la main à ce stade et affirment qu'ils étaient autrefois l'une de ces personnes. Ils me racontent qu'ils avaient l'habitude de feuilleter des pages, mais qu'ils sont maintenant entrés dans le XXIe siècle et font leurs présentations sur une tablette électronique telle que l'iPad. L'une des premières présentations sur tablette que j'ai observée, avec un vendeur qui feuilletait des pages avec son doigt en se croyant intelligent, a complètement désengagé le client. Le vendeur ne parvenait pas à regarder son client et à entrer en contact avec lui. En fin de compte, il était simplement un IPPTPFN (iPad page-turning product-flogging nerd) et il n'a pas réussi à faire la seule chose qui fait vraiment la différence. Ils n'ont pas réussi à influencer ce client.

D'autres personnes ont peut-être choisi ce livre pour améliorer leurs compétences en matière de leadership. Peut-être vous trouvez-vous dans l'obligation de gérer des personnes et de les rassembler autour d'un objectif commun. Nombreux sont ceux qui, au travail et dans la vie, se retrouvent soudain à devoir diriger des personnes. C'est souvent un moment terrifiant où les gens sont frappés par le doute. C'est tout à fait normal et, félicitations, vous êtes au bon endroit ! Ce livre vous permettra d'acquérir une compréhension des personnes qui vous permettra de les gérer plus efficacement et, en fin de compte, d'influencer les personnes avec lesquelles vous travaillez pour obtenir les meilleurs résultats.

Lors des conférences sur le leadership auxquelles je participe, il y a toujours un lien clair entre les capacités d'influence du leader et les résultats de l'équipe. Comme le dit le proverbe, "les grandes organisations se développent à partir du sommet, et un poisson pourrit par la tête".

Vous pouvez toutefois être un dirigeant expérimenté qui cherche simplement à se démarquer. Les outils présentés dans ce livre ont aidé des PDG et des directeurs généraux à améliorer leur capacité à influencer et à contrôler les résultats. Il est essentiel que l'équipe de direction dispose des outils nécessaires pour mener l'équipe au succès. Si l'équipe dirigeante n'est pas disposée à travailler sur les compétences d'influence, les résultats diminuent et les niveaux de rétention du personnel s'effondrent. Ce livre donnera aux dirigeants les outils nécessaires pour identifier ce qui motive chaque membre de l'équipe et leur fournira des idées sur la manière d'obtenir des résultats avec chacun de ces membres.

Peut-être que pour vous, ce n'est rien de tout cela. Vous avez peut-être choisi ce livre pour des raisons qui n'ont rien à voir avec la vente ou le leadership. Vous avez peut-être pris ce livre parce que vous cherchez un moyen d'améliorer la qualité de votre vie. Vous cherchez simplement à clarifier ce que vous voulez atteindre et à savoir comment commencer à influencer les autres et à vous influencer vous-même. Ce livre vous emmènera dans un voyage très simple et efficace qui vous aidera à clarifier vos objectifs, à transformer l'anxiété que nous ressentons tous en action et à influencer les gens pour améliorer votre capacité à obtenir ce que vous voulez !

J'ai eu le privilège de donner plus de 2300 présentations à des publics au cours des 17 dernières années en tant qu'orateur professionnel. J'ai fait des présentations en Australie, en Nouvelle-Zélande, en Asie, en Europe et aux États-Unis. L'un des aspects les plus intéressants de mon travail est la diversité des entreprises avec lesquelles j'ai travaillé. J'ai pris la parole lors de conférences dans les secteurs de la finance, des assurances, de l'immobilier, du courtage hypothécaire, de l'industrie pharmaceutique, des logiciels, du vin, des voyages et bien d'autres encore.

Laissez-moi vous poser une question. Si vous pouviez améliorer votre capacité à influencer les gens, votre entreprise se développerait-elle ? Vous cachez-vous actuellement derrière le mur électronique ? Est-il temps d'augmenter votre temps en face à face et d'aller au devant des gens pour obtenir les résultats que vous méritez ? Êtes-vous une personne qui veut simplement obtenir plus souvent ce qu'elle veut ?

Il s'agit d'un livre sur la façon d'influencer les autres. Il est temps de reconnaître le moment approprié pour utiliser la technologie et le moment approprié pour se rencontrer face à face. Il est également temps de s'assurer que lorsque vous vous rencontrez dans un environnement direct, vous disposez des compétences d'influence nécessaires pour obtenir le résultat que vous souhaitez.

D'ailleurs, je crois fermement que si les choses sont présentées de manière simple, le changement peut se produire très rapidement. C'est pourquoi j'ai choisi mes outils d'influence préférés, dont je parle lors de conférences, et je les ai rassemblés dans ce livre. Certains de ces outils vous aideront à comprendre vos clients et d'autres vous aideront à vous comprendre vous-même. Dans ce livre, vous trouverez des outils linguistiques qui vous aideront à influencer les autres, et d'autres qui vous aideront à traverser un mardi aléatoire avec une plus grande efficacité.

J'espère que vous apprécierez ce livre !

Partie I
S'influencer soi-même - action et clarté

La première partie de ce livre porte sur l'influence que vous exercez sur vous-même. Je veux dire par là qu'il s'agit de créer un nouveau niveau d'action pour réaliser ce que vous voulez. Le problème, bien sûr, est que beaucoup de gens n'ont aucune idée de ce qu'ils recherchent. Cette partie du livre abordera donc ces deux concepts principaux - action et clarté.

Trois outils seront présentés dans cette section du livre :

Outil numéro 1 : abattre le mur électronique

Comment éviter une partie de e-pong, où le client se cache derrière le e-mur.

Des stratégies pour créer un effet de levier et inciter le client à passer à l'action.

Comment créer un environnement de face-à-face pour influencer directement le client.

Outil numéro 2 : le papillon

Comment reconnaître que la première chose qui retient les gens est la peur.

Comment transformer l'anxiété en un signal d'action.

Comment utiliser ce signal d'action pour créer des habitudes efficaces et de nouveaux résultats dans les affaires et la vie.

Outil numéro 3 : le coucher de soleil

Comment déterminer clairement dans quel domaine de votre vie vous souhaitez obtenir les meilleurs résultats.

Utiliser le coucher de soleil comme un outil pour découvrir la clarté des autres.

Comment utiliser cette compréhension des autres pour les influencer.

CHAPITRE 1
Outil numéro 1 : abattre le mur électronique

Les clients sont plus occupés qu'ils ne l'ont jamais été. Le moyen le plus facile pour eux de déchiffrer et d'examiner votre proposition est de l'envoyer par écrit et par courrier électronique. De cette façon, ce sont eux qui sont dans le box, capables de lire et d'examiner la proposition à *leur* rythme. Ils peuvent comparer votre proposition à d'autres propositions écrites, modifier la priorité de la proposition en fonction de leur charge de travail, et tout cela sans que vous puissiez exercer votre pouvoir d'influence.

En effet, l'ère numérique a créé un mur électronique virtuel, le e-wall, derrière lequel nos clients peuvent désormais se cacher. Le mode de communication est devenu moins axé sur l'interaction en face à face, et il est acceptable de faire des affaires par courrier électronique.

La chronologie de l'e-pong

Il s'agit d'une interaction typique d'une proposition envoyée par courriel dans la nouvelle réalité. C'est un jeu que j'appelle e-pong ! Vous avez fait des recherches, trouvé votre décideur et aiguisé votre angle pour gagner le marché.

Vous passez un appel. Le décideur est heureux de vous entendre, mais il est occupé. Il vous demande de mettre votre proposition par écrit et de la lui envoyer pour examen, *par courrier électronique* (une semaine).

Vous envoyez votre proposition *par courrier électronique.*

Le décideur répond qu'il a reçu votre proposition, qu'il l'examinera en temps voulu et qu'il vous répondra *par courrier électronique* (deux semaines).

Vous effectuez un suivi *par courrier électronique* quelques semaines après n'avoir reçu aucune réponse (quatre semaines).

Votre décideur est occupé et distrait par le fonctionnement quotidien d'une entreprise. Il prend quatre jours pour répondre à votre courriel et vous dire qu'il est désolé mais qu'il vous reviendra sous peu avec une décision après avoir discuté avec les personnes concernées par *courriel* (cinq semaines).

Sur la base de la réponse, vous êtes enclin à donner une semaine de plus au décideur avant de le harceler à nouveau *par e-mail* pour obtenir une réponse.

Vous envoyez un autre courriel à votre décideur pour lui demander si une décision a été prise (six semaines).

Vous n'avez pas de réponse et le doute s'installe quant à la priorité accordée à votre proposition.

Vous écrivez une dernière fois *par courrier électronique* en indiquant que vous êtes en train de terminer le trimestre ou de cocher des choses sur votre liste de tâches et vous demandez une fois de plus si une décision a été prise (sept semaines).

Vous recevez une réponse *par courrier électronique* quatre jours plus tard de la part de votre décideur, qui vous remercie pour le travail acharné que vous avez fourni dans la proposition, mais malheureusement d'autres priorités sont apparues dans l'entreprise et ils ne sont pas en mesure de poursuivre l'affaire pour le moment (huit semaines).

Huit semaines d'e-pong, sans résultat. Tout cela est arrivé parce que vous avez laissé le décideur se cacher derrière son e-mur. En fait, cela s'est produit parce que *vous vous êtes* également caché derrière le mur électronique ! Il faut du courage pour abattre ce mur et être en mesure d'influencer ce client en face à face.

Il est tout simplement *plus facile* d'avoir une relation par courrier électronique avec quelqu'un. Il est *plus facile* d'envoyer à votre client une mise à jour mensuelle ou une lettre d'information trimestrielle et de considérer que le travail est terminé. Et surtout, il est certainement *plus facile* d'essayer de remporter une vente en envoyant au client une proposition et de jouer au e-pong. Il est beaucoup plus difficile de prendre le téléphone et de se retrouver face à face avec nos clients pour mettre fin à la procrastination et aux pertes de temps.

Ne vous méprenez pas. Il y a des moments où l'e-mail est la seule option. J'en suis conscient. Tout ce que j'essaie de faire, c'est de vous mettre au défi de réfléchir à la manière dont vous pouvez créer davantage d'interactions en face à face. Que pouvez-vous faire pour abattre le mur électronique ?

Modification des délais

Prenons l'exemple de la vente. Les vendeurs me parlent tout le temps de la difficulté de se retrouver face à face avec leurs clients afin de pouvoir utiliser leurs capacités d'influence ( ). Ils discutent de l'évolution des tendances technologiques et de l'adaptation à la façon de faire des affaires. Cependant, la chronologie d'une vente a à peine changé en termes de points de connexion du plan d'action de base, mais le message sous-jacent qui revient constamment est que le temps entre le premier contact et la conclusion de la vente a considérablement augmenté.

Pourquoi cela s'est-il produit ?

Il serait facile pour les vendeurs de rester sur leurs positions et de prétendre que le mur électronique n'est qu'une excuse de plus ou une tendance, et que si vous croyez en votre personnalité et en vos compétences de communication, rien ne devrait vous arrêter ou retarder votre processus de vente. L'excuse que je préfère dans les discours des orateurs motivateurs est la suivante : "Si ça ne marche pas, c'est que vous vous y prenez mal ! À mon avis, ce conseil est loin d'être utile et ne tient certainement pas compte de l'évolution de la manière dont les affaires sont menées au XXIe siècle. Vous ne pouvez pas nier les progrès de la technologie. Les statistiques nous disent que nous sommes plus susceptibles de communiquer par e-mail ou par les médias sociaux que de prendre le téléphone ou de nous rencontrer en personne. Nous sommes presque tous capables de faire des affaires dans un environnement totalement mobile et nous sommes plus joignables que jamais avec nos appareils portables et la technologie Wi-Fi, et pourtant, conclure une vente prend plus de temps que jamais.

Cinq stratégies pour abattre le mur électronique

Voici cinq stratégies que vous pouvez utiliser pour abattre le mur électronique et arrêter de jouer au e-pong.

1 IDENTIFIER LES DÉCIDEURS

À un moment donné, généralement avant d'avoir l'occasion de rencontrer le client en personne ou de lui envoyer une proposition, vous aurez parlé au téléphone avec lui pour tout organiser. L'une des plus grosses erreurs que je vois commettre est d'envoyer des informations sans savoir exactement qui sont les décideurs. Ils connaissent la personne avec laquelle ils traitent, mais ils ne se sont pas posé la question de savoir qui va *vraiment prendre la* décision.

Maintenant, je sais ce que certains d'entre vous pensent : " Chris, ça ne marche pas comme ça dans mon entreprise ! Nous ne pouvons pas toujours atteindre le décideur tout de suite. D'accord, c'est juste. Ce livre jette tout un tas de spaghettis (idées) à la porte du réfrigérateur. Si ça colle, prenez-le. Sinon, laissez-les tomber sur le sol. Cependant, dans votre entreprise, je veux que vous sachiez clairement que la personne à qui vous faites votre présentation est *définitivement* la personne qui peut vous faire passer au *niveau suivant* de votre vente.

Il arrive tout le temps que des personnes s'adressent à un non-décideur simplement parce qu'il était *plus facile* de lui envoyer des informations. Souvent, vous avez été dirigé vers cette personne en tant que gardien. Vous passez des heures à élaborer une proposition pour votre entreprise et ce non-décideur vous encourage à la lui envoyer alors qu'elle n'a aucune chance de voir le jour.

Si vous voulez être sûr de savoir qui sont les décideurs, voici l'*or*. J'ai essayé de poser cette question de nombreuses façons différentes et voici la façon qui vous donnera la meilleure chance d'obtenir cette information.

Amanda, puis-je vous demander qui, à *part vous,* est impliqué dans la prise de décision finale à ce sujet ?

Super ! Comme il me faut beaucoup de temps et de recherches pour élaborer une proposition, quand pourrions-nous organiser une réunion à laquelle tout le monde serait présent afin d'optimiser l'utilisation de notre temps ?

Aussi simple que cela puisse paraître, beaucoup de gens posent la question de la mauvaise façon. J'entends des gens dire des choses comme : "Puis-je vous demander si c'est *vous* qui prenez les décisions ?".

C'est très proche, mais cela laisse beaucoup d'échappatoires car il est très facile pour le non-décideur de dire : "Oui, je suis le décideur". Puis, après que vous ayez passé deux heures à élaborer une proposition pour eux, ils vous disent qu'ils doivent la soumettre au patron ou au service des RH. Vous avez perdu votre temps !

S'ils disent "Oui, je suis le décideur", c'est peut-être parce qu'ils sont l'un des décideurs et qu'ils ne veulent pas déranger le patron avant d'avoir toutes les informations. Il se peut qu'ils vous mettent à l'écart. Il peut s'agir simplement d'un problème d'ego. Cependant, lorsque vous utilisez les mots "*à part vous*", ils comprennent l'importance de ne pas faire perdre de temps à tout le monde et cela flatte également leur ego. D'ailleurs, s'ils n'organisent pas la réunion en présence de tous les décideurs, vous venez *peut-être* de vous rendre compte que vous alliez être découragé de toute façon !

En utilisant ces simples mots, vous avez augmenté votre capacité à savoir qui sera impliqué dans la décision finale. Faites-en l'essai et augmentez l'impact de votre temps et de votre efficacité.

2 DICTER LA MEILLEURE MÉTHODE DE COMMUNICATION

Il arrive souvent qu'un client dise simplement : "Envoyez votre proposition par courriel et nous y jetterons un coup d'œil". C'est *facile* pour tout le monde. La première partie du jeu du e-pong est lancée. La question que je voudrais vous poser est la suivante : combien de fois votre client dicte-t-il la manière dont la communication va se dérouler tout au long du processus de présentation et de décision ? Laissez-vous votre client vous dire quel est le meilleur moyen de le contacter ? Pouvez-vous dicter la façon dont cela doit fonctionner ?

Posez-vous ces trois questions :

Quel est leur mode de communication préféré ?

Est-ce que ce sera la meilleure forme de communication pour faire approuver votre proposition ?

Quelle est votre stratégie pour créer un environnement dans lequel vous pouvez communiquer de la meilleure façon possible pour faire approuver cette proposition ?

N'oubliez pas que vous devrez parfois envoyer la proposition par courrier électronique parce que c'est la méthode de communication exigée par le client. Cependant, laissez-moi vous mettre au défi : vous cachez-vous derrière le mur électronique parce que c'est une option *plus facile* ?

Récemment, mon responsable et moi avons élaboré une proposition de formation à la vente pour une entreprise basée sur Internet qui faisait appel à moi tous les mois dans différents domaines de son activité. Nous avions envoyé une proposition par e-mail sur la façon dont ils pouvaient économiser de l'argent en achetant mon temps en gros. S'ils bloquaient 15 sessions pour l'année, ils pourraient m'utiliser à un meilleur tarif qu'en payant une session à la fois.

On jouait au e-pong. La proposition par e-mail ne pouvait pas être approuvée avant la réunion du conseil d'administration. Les messages de mon manager au décideur sont restés sans réponse. Mon responsable était de plus en plus frustré. L'heure du réveil a sonné. Finalement, réalisant que nous étions en train de tomber dans le piège du e-pong dont je parle sans cesse, nous avons répondu aux trois questions :

Leur méthode de communication préférée est le courrier électronique.

Ce *ne sera pas la* meilleure forme de communication pour faire approuver notre proposition.

La stratégie consiste à mettre Chris face à face pour une réunion de 15 minutes avec le directeur général.

Cette stratégie a fonctionné. J'ai appelé directement le médecin et lui ai expliqué qu'il payait tout simplement trop cher. J'ai pu le voir le lendemain et nous avons négocié un accord pour les 15 jours sur-le-champ. Il était temps de fêter ça, car nous avions franchi le mur électronique !

Encore une fois, il y a des moments où cela n'est pas possible. Cependant, dans un environnement où les vendeurs et les clients peuvent se cacher derrière une partie de e-pong, la question est de savoir s'il existe d'autres méthodes de communication qui seraient plus efficaces pour faire approuver votre proposition.

3 ÉTABLISSEZ VOTRE CALENDRIER DE DÉCISION

Pour abattre le mur électronique, il faut notamment s'assurer que le client connaît vos attentes quant à ce qui va se passer dans ce processus. En donnant une date limite à un client, on s'assure qu'il a un objectif à atteindre et qu'il ne change pas continuellement de décision à cause d'autres priorités.

Il est très important, lors de la création d'un calendrier de décision, qu'il y ait un avantage à prendre une décision maintenant ou, au contraire, un inconvénient à retarder la décision. Si vous n'avez pas créé de levier pour que le client prenne une décision rapide, il est encore plus facile pour lui de se cacher derrière le mur électronique. Il n'y a aucune raison pour lui de faire quoi que ce soit. Il peut s'asseoir sur votre proposition et attendre pendant que vous devenez plus anxieux. J'approfondirai ce sujet dans la prochaine partie de ce livre, dans le principe douleur-plaisir.

Posez-vous ces questions :

Quand voulez-vous que la décision soit prise ?

Quel est l'avantage pour eux de prendre une décision avant cette échéance ?

Quel est leur désavantage s'ils ne prennent pas de décision avant cette échéance ?

Le fait de se retrouver face à face accélérera-t-il le processus de décision ?

Parfois, ce processus échappe à votre contrôle. La question, cependant, est de savoir si vous avez prévu une attente pour que le client prenne une décision.

Vous devez vous assurer que vous mettez en avant une raison pour que le client prenne une décision dans un délai approprié. Sinon, il n'y a aucune raison pour qu'il vous donne la priorité. Voici quelques exemples de ces raisons :

Dans le secteur des conférences, le client doit prendre la décision de bloquer la date, faute de quoi l'orateur risque de ne plus être disponible.

Dans le secteur de l'immobilier, l'acheteur doit prendre la décision de faire une offre maintenant, car s'il attend le samedi après-midi, après la journée portes ouvertes, il se peut qu'un nouvel acheteur soit également intéressé par l'offre. Cela créera une concurrence et fera monter le prix.

Dans le secteur de l'aménagement paysager, le client doit prendre la décision de commencer le projet maintenant s'il veut que sa piscine soit installée avant les vacances d'été.

De même, veillez à ce que, à la fin de chaque communication, vous commenciez à mettre en pratique une habitude que j'appelle les prochaines étapes. Dans la chronologie des décisions, quelle doit être la prochaine étape du processus ?

Conseil

Voici comment accéder aux étapes suivantes par e-mail :

L'étape suivante consisterait pour moi à rencontrer tous les décideurs en face à face et à présenter la proposition. Y a-t-il un moment où tous les décideurs se réunissent et où je peux les rencontrer ?

Voici comment passer aux étapes suivantes par téléphone :

Une fois que vous aurez eu l'occasion de lire la proposition, la prochaine étape consistera à nous rencontrer la semaine prochaine pour envisager d'aller de l'avant. Quelle heure vous conviendrait la semaine prochaine ?

Pour que cela soit le plus efficace possible, il est important de fixer le client pour les prochaines étapes pendant que vous l'avez en ligne et que son intérêt est encore éveillé.

4 LAISSER QUELQUE CHOSE DANS LA CHAMBRE

Sans sous-estimer votre produit ou service, pouvez-vous attirer l'attention du client dans la proposition écrite, tout en laissant de côté certaines informations qu'il vaut mieux présenter en personne ?

Les gens mettent souvent tout leur cœur et toute leur âme dans leur proposition, puis ne laissent aucune autre raison de rencontrer réellement le client en face à face . Le client a alors tout le pouvoir et peut très facilement envoyer un e-mail et dire : "J'ai toutes les informations. Je les lirai et je vous répondrai".

Qu'y a-t-il d'unique dans votre produit ou service qui rendrait *nécessaire une* réunion en face à face avec tous les décideurs ? Y a-t-il quelque chose que vous pouvez laisser dans votre manche et qui serait particulièrement convaincant pour votre client ? Par exemple, un vendeur peut demander une réunion de 30 minutes et expliquer que si le client accepte de le rencontrer, il y aura quelque chose à *ajouter* pour lui dans la négociation. Cela pourrait être des choses comme :

livraison gratuite

services supplémentaires

service client prioritaire

avantages

meilleur prix.

Cela vous donnera plus de pouvoir pour conclure. Si vous avez des informations supplémentaires prêtes à être extraites, vous pouvez les utiliser à un moment critique de la présentation ou de la négociation.

5 SE DÉBARRASSER DU BOIS MORT

Il est important de se soutenir pour respecter les délais de décision. Laissez-moi vous poser une question. Combien de temps perdez-vous à courir après des affaires qui n'aboutiront jamais ? Il faut parfois avoir des nerfs d'acier, mais il est important de maintenir sa valeur et sa crédibilité sur le marché. Il est parfois préférable de se demander s'il est préférable de rechercher un nouveau client plutôt qu'un autre qui ne fera que vous faire perdre votre temps.

Je rencontre ce problème lors de conférences, lorsqu'une organisation me dit que ses vendeurs sont doués pour la conversation, mais qu'ils ne parviennent pas à conclure des affaires. N'oubliez pas qu'il y a une grande différence entre un bon interlocuteur et un bon vendeur ! Les grands vendeurs sont capables de reconnaître que les longues conversations ou le e-pong prolongé ne mènent à rien. Il y a un moment et un endroit pour couper le cordon.

Résumé du chapitre 1

La nouvelle réalité est que la majorité des gens préfèrent communiquer par courrier électronique, SMS et médias sociaux plutôt qu'en personne. Nous avons tous la possibilité de communiquer avec plus de personnes en moins de temps que jamais auparavant. Cela a fait du monde un endroit passionnant, plus petit, et de l'information accessible et pratiquement instantanée.

Cela dit, la frustration est de plus en plus grande, car les clients jouent souvent au e-pong et se cachent derrière le e-mur. Cela signifie que, s'il est plus facile de leur fournir des informations, il est plus difficile pour vous de les amener à prendre une décision. Je vous mets au défi de faire un effort conscient pour déterminer ce qui doit se passer dans votre entreprise pour briser le mur électronique et créer des opportunités de communication plus directes qui mènent à de meilleurs résultats.

Questions rapides

Pouvez-vous faire un meilleur travail pour trouver qui sont les décideurs ?

Êtes-vous cohérent dans la découverte des méthodes de communication préférées de vos clients ?

Dans l'affirmative, la méthode préférée du client est-elle aussi la plus efficace ?

Établissez-vous un calendrier de décision avec vos clients et définissez-vous des attentes claires ?

Avez-vous l'habitude de définir les prochaines étapes à chaque point de contact du cycle de décision avec vos clients ?

Laissez-vous quelque chose dans la chambre pour les réunions en face à face ? Laissez-vous les clients avec une raison de vouloir vous rencontrer ?

Certains clients vous font-ils tout simplement perdre votre temps ? Y a-t-il des clients dans votre entreprise qui prennent tout simplement trop de temps pour aucune récompense ?

À l'ère du numérique, il existe un mur électronique virtuel
derrière lequel nos clients peuvent désormais se cacher.

CHAPITRE 2
Outil numéro 2 : le papillon

La première chose qui retient les gens est la peur.

Cette peur est parfaitement normale. Elle se manifeste généralement au creux de l'estomac, où vous ressentez une certaine anxiété. C'est un sentiment qui vient à l'idée de décrocher le téléphone ou de se retrouver face à face avec le client. C'est tellement plus facile si vous ne faites pas ces choses. Le fait est que ce sentiment disparaît lorsque vous décidez d'envoyer votre proposition par e-mail au lieu de la présenter. Il n'y a pas de rejet direct par courrier électronique. Pour la plupart des gens, un rejet par e-mail signifie que le client a rejeté l'idée. Un rejet en face à face signifie qu'il vous a rejeté en tant que personne.

Il est donc beaucoup plus facile de se cacher derrière le mur électronique. En fait, il est beaucoup plus facile de remettre à plus tard ou d'éviter l'action qui doit être entreprise pour réussir.

Ce flottement d'anxiété se manifeste dans de nombreux scénarios différents. Il peut s'agir de n'importe lequel de ces mots que les gens se disent à eux-mêmes et qui créent cette anxiété :

Je devrais prendre le téléphone et fixer un rendez-vous pour aller *voir* ce client. Je sais que je devrais le faire. Je ne sais pas - c'est juste plus facile de leur envoyer ces informations par e-mail".

Je devrais appeler l'entreprise et me renseigner sur ce nouveau poste. Je devrais le faire. Je ne sais pas, je vais probablement leur envoyer mon CV par courrier électronique. C'est plus facile de l'envoyer par e-mail".

Je devrais aller à cette audition. Je devrais y aller. Je ne sais pas, je n'ai probablement aucune chance de toute façon. Je vais peut-être la laisser tomber.

Je devrais appeler cette personne. Je devrais l'appeler, elle ou lui. Je ne sais pas - je doute qu'ils veuillent aller au concert avec moi de toute façon. Je ne les appellerai pas. Si je les croise ailleurs, eh bien, ce sera le cas.

Je devrais aller à la salle de sport. Je devrais y aller. J'ai dit que j'irais après le travail. Je ne sais pas, je suis fatigué. J'ai envie de m'asseoir et de regarder la télévision. Je ne vais pas y aller. Je vais rester à la maison. Je commencerai lundi.

Dans tous ces cas, la peur était le moteur qui empêchait ces personnes de réaliser ce qu'elles voulaient. La peur les a empêchés de tenter leur chance et d'avancer vers la réalisation de leur objectif. De plus, dans tous ces cas, la peur s'est manifestée par une sensation au creux de l'estomac. Elle ressemblait à l'anxiété, qui immobilise souvent une personne et l'empêche d'agir. Au contraire, ce sentiment d'anxiété fige les gens. Il est très fréquent que les gens procrastinent et remettent à plus tard ce qu'ils doivent faire.

Il est arrivé à tout le monde de remettre à plus tard quelque chose qu'il devrait faire - des appels téléphoniques à passer, des réunions auxquelles il faut assister, des occasions à saisir, voire même le simple paiement d'une facture. Tout le monde a fait l'expérience de la procrastination.

L'émotion qui s'ensuit est la culpabilité. Les gens se sentent coupables de ne pas avoir passé les appels qu'ils étaient censés passer. Ils se sentent coupables de ne pas avoir fait la paperasse qu'ils auraient dû faire. Ils se sentent coupables de ne pas aller à la salle de sport comme ils se l'étaient promis. Et, finalement, avec le mur électronique, ils se sentent coupables de ne pas avoir décroché le téléphone pour essayer de prendre un rendez-vous en face à face. La plupart des gens pensent alors que les personnes coupables s'excuseraient. Au lieu de cela, une chose amusante se produit. Lorsque les gens se sentent coupables, leur mécanisme de défense naturel consiste à se mettre dans un état défensif et négatif.

Imaginez un scénario dans lequel le vendeur n'a pas passé le nombre approprié d'appels téléphoniques. Il a pourtant envoyé une série de propositions aux clients et attend une réponse de chacun d'entre eux. Cependant, au fond de lui, il savait qu'il aurait dû donner suite à ces propositions par des appels téléphoniques et des réunions en face à face. Au lieu de cela, ils ont joué au e-pong et étaient frustrés de ne pas obtenir le feu vert.

Parce qu'ils évitaient de passer les appels téléphoniques, ils se sentaient coupables. Parce qu'ils se sentaient coupables, ils se sont mis dans un état d'esprit négatif et défensif. Ils ont commencé à blâmer les clients. Ils ont commencé à remettre en question le produit. Ils ont commencé à faire des commérages avec leurs collègues sur le manque de leadership dans le service. En fin de compte, ils ont commencé à devenir un travailleur toxique au bureau. Tout cela est dû à la procrastination et au manque d'action. En effet, le fait de se cacher derrière le mur électronique crée une incroyable frustration pour le vendeur, car il n'obtient pas les réponses qu'il souhaite.

La peur a entraîné une trajectoire descendante qui aboutira finalement à un environnement où ils démissionneront ou seront invités à partir.

Et si on pouvait changer tout ça ? Et si nous pouvions transformer cette anxiété en quelque chose de positif et changer ce processus pour les gens pour toujours ?

C'est parti !

L'évitement et son fonctionnement

Prenons l'exercice comme un exemple plus léger de la façon dont l'évitement peut fonctionner. Imaginez que vous essayez des vêtements dans un de ces grands magasins où il y a un miroir et un mauvais éclairage. En fait, imaginez que c'est une de ces cabines d'essayage qui a six miroirs et que, lorsque vous entrez, vous pouvez vous voir sous tous les angles possibles. Ensuite, pendant que vous essayez des vêtements, vous avez ce moment où vous êtes là, en sous-vêtements, à regarder votre corps sous six angles différents.

Il y a toujours quelques personnes dans le public qui pensent : "Fantastique ! J'aime vraiment l'apparence de mon corps". Cependant, la plupart des gens ressentiront probablement une certaine anxiété. Ils ont ce sentiment d'anxiété au creux de l'estomac car ils savent qu'il est temps de faire quelque chose pour améliorer leur condition physique.

Ce qui se passe alors, c'est que quelques personnes sortent de ce vestiaire et font un plan pour se mettre en forme. Elles savent qu'il est temps et qu'elles vont s'y mettre !

Mais ce n'est pas le cas de la plupart des gens. La plupart des gens pensent qu'ils ont besoin de faire quelque chose. Cependant, même s'ils ont les meilleures intentions du monde, ils seront occupés pendant le reste de la journée. Dans ce cas, ils trouveront une raison de ne pas aller au gymnase. Elles remettent à plus tard le moment d'y aller, ce qui les conduit à un puissant sentiment de culpabilité.

Des femmes m'ont raconté comment elles procédaient lorsqu'elles étaient au travail et qu'elles prévoyaient d'aller à la salle de sport à la fin de la journée. Puis, pendant leur journée de travail, elles servent du gâteau à tout le monde pour l'anniversaire de Sarah. Il serait impoli de ne pas manger le gâteau ! Alors, après avoir mangé le gâteau, ils remettent à plus tard l'heure d'aller à la salle de sport. Mais la situation ne fait qu'empirer. Elles se sentent déjà coupables lorsqu'elles rentrent chez elles et s'assoient sur le canapé, puis elles décident de prendre un magazine. Il y a des photos d'actrices magnifiquement habillées et de top-modèles vêtus des plus beaux vêtements de créateurs. Soudain, la femme commence à *parler* à son magazine. "Peu importe, Blake Lively ! Je ressemblerais aussi à ça si je n'avais qu'à faire de la musculation toute la journée !".

Cela l'a mise dans un état d'esprit négatif. Quelques instants plus tard, son mari franchit la porte. L'homme, qui n'est pas toujours la créature la plus intelligente de la planète, dit la pire chose possible en entrant dans la pièce. "Oh, tu es rentré. Je ne pensais pas que tu serais là. Je pensais que tu allais à la salle de sport. (Plus de culpabilité.)

Qu'est-ce que vous dites ? Vous dites que je suis grosse ?" (Comportements négatifs.)

Les êtres humains font cela tout le temps - nous nous en prenons aux autres simplement parce que nous nous sentons coupables de notre manque d'action malgré notre bonne intention.

Cela arrive tout le temps aux vendeurs. Ils ont l'angoisse de savoir qu'ils sont censés passer des appels téléphoniques de prospection à long terme. Ils planifient même leur temps de prospection pour le mercredi après-midi entre 14 et 16 heures. Puis d'autres choses se présentent et ils décident de remettre à plus tard les appels téléphoniques. Il est facile de faire cela, car la prospection et le suivi des propositions par des appels téléphoniques ne sont pas urgents. Dans le même temps, , ils savent au fond d'eux-mêmes que leur entreprise suit une trajectoire négative en raison de ce manque de discipline dans le contact avec les clients. Et cela entraîne un certain degré de culpabilité chez le vendeur. Il sait qu'il devrait passer plus d'appels téléphoniques, organiser plus de réunions et être plus proactif dans ses activités de prospection. Au lieu de cela, il se cache derrière le mur électronique. Il a une idée : "Je vais envoyer une e-newsletter à la place".

Finalement, lorsque le patron les prend à part pour discuter de leur manque de résultats, les vendeurs réagissent de manière négative et défensive. Il commence à blâmer le patron, les clients, le marché, le bureau et même les collègues pour justifier son comportement. Cela n'est pas utile.

Interprétez-vous cette petite sensation au creux de l'estomac comme une expérience *positive* ou *négative* ? La plupart des gens disent que c'est une expérience négative.

Plus jamais.

Prêter attention aux signaux d'action

À partir de maintenant, je veux que vous changiez cette expérience pour toujours. Imaginez que vous changiez la perception de cette expérience en quelque chose de positif au lieu de quelque chose de négatif. Normalement, les mots que les gens associent à ce sentiment sont des mots comme anxiété et peur. Ce sont des associations incroyablement négatives. Et si vous pouviez changer cela ?

En fait, la sensation que vous ressentez dans votre estomac est un cadeau de votre corps. C'est un *signal d'action*. C'est la façon dont votre corps vous dit de *faire* quelque chose. Il essaie d'attirer votre attention. C'est complètement *positif.*

Et si le flottement dans votre estomac n'était pas de l'anxiété. Au lieu de cela, si c'était quelque chose de beau ? Et si c'était un papillon ? Le papillon est le messager. Le papillon vient pour vous aider. C'est votre voix intérieure qui essaie de vous guider dans la bonne direction. Il vous dit de faire quelque chose. Le papillon est et vous dit d'agir de manière positive pour rendre votre travail et votre vie meilleurs qu'ils ne le sont.

Reprenons l'exemple de l'exercice physique. Si le papillon apparaît alors que vous examinez votre corps sous six angles peu inspirants, votre voix intérieure vous dit qu'il est temps d'être en bonne santé.

Les mots les plus importants que vous prononcez dans la journée sont ceux que vous vous dites à vous-même, à propos de vous-même, lorsque vous êtes seul. Imaginez que les mots que vous vous dites lorsque vous ressentez le papillon et que vous avez identifié pourquoi votre corps vous envoie un message sont ces mots :

Je dois le faire !

Soudain, le sentiment qui était négatif et ressemblait à de l'anxiété est maintenant un cadeau de votre corps qui sert de signal d'action. Votre réponse est "Je dois le faire" et vous passez à l'action.

Faisons le lien avec le mur électronique. La plupart des gens savent quand ils doivent se rendre en personne pour présenter une proposition. Mais c'est tellement plus facile de l'envoyer par e-mail. Mais si vous écoutez le papillon et décidez qu'il s'agit d'une situation où vous devez vous rendre en personne, vous pouvez surmonter votre anxiété et organiser la réunion. Vous devez le faire. Vous devez passer à l'action. Le résultat est positif et vous pouvez réduire considérablement le délai de prise de décision.

Le papillon est dans votre équipe. Il vous dit de décrocher le téléphone pour développer votre entreprise. Lorsque vous vous dites : "Je dois le faire !", la tâche devient importante. Les appels téléphoniques de prospection à long terme deviennent une *priorité.*

Conseil

Je vous mets au défi d'identifier les cinq principales choses sur lesquelles vous procrastinez dans votre vie. Choisissez-en deux dans votre environnement professionnel, deux dans votre environnement domestique et une concernant la santé et l'énergie. Remarquez le langage que vous utilisez lorsque vous vous apprêtez à remettre ces activités à plus tard. Ce langage est-il utile et vous rapproche-t-il de ce que vous voulez ou vous éloigne-t-il de votre objectif ?

Je vous mets au défi de remarquer comment le processus d'action change lorsque vous vous dites simplement : "Je dois le faire ! Mon corps me dit d'agir !". Lorsque cela devient un positif au lieu d'un négatif, vous êtes reconnaissant que votre corps vous ait parlé. Le magnifique papillon vous a fait bouger !

Mon meilleur conseil est de simplement décrocher le téléphone ! Le premier appel est le plus difficile. Une fois que vous vous sentez à l'aise, les appels deviennent de plus en plus faciles. Vous passez à l'action. Deux heures de bonne conversation avec des clients potentiels peuvent vous amener à monter dans votre voiture et à rentrer chez vous avec un sentiment d'accomplissement. Vous savez que vous avez fait tout ce qui était possible pour abattre le mur électronique.

Résumé du chapitre 2

Les gens évitent sans cesse les tâches qui devraient être prioritaires. Je vous mets au défi d'identifier les activités de votre vie que vous devriez faire davantage et de prendre des mesures pour réaliser ces tâches. Soyez conscient de ce que votre corps vous dit. Dans le passé, votre interprétation des sensations au creux de l'estomac a pu être négative. Vous avez peut-être interprété ces sentiments en utilisant un mot négatif comme anxiété.

Au lieu de cela, je vous mets au défi de renverser la situation. Considérez cette sensation comme l'effet papillon. C'est la façon dont votre corps communique avec vous de manière positive pour vous encourager à agir et à accomplir une tâche à laquelle vous devez donner la priorité. L'achèvement de cette tâche vous donnera un sentiment d'accomplissement et, ce faisant, un sentiment de contrôle sur votre entreprise et votre vie. Pour être influent, il faut d'abord s'influencer soi-même.

Questions rapides

Quelles sont les activités que vous remettez à plus tard alors que vous savez qu'elles devraient être prioritaires ?

Vous surprenez-vous à tomber dans un état négatif lorsque vous n'avez pas réussi à établir des priorités et à agir sur des tâches importantes ?

Comment pouvez-vous changer votre propre langage avec vous-même lorsque vous ressentez l'effet papillon ?

Dans quels domaines de votre entreprise et de votre vie pourrez-vous appliquer l'effet papillon ?
Il est beaucoup plus facile d'éviter l'action qui doit être entreprise pour réussir.

CHAPITRE 3
Outil numéro 3 : le coucher de soleil

Pour abattre le mur électronique, il faut avoir envie de le *faire*. De nombreuses personnes choisissent la solution de facilité parce qu'elles ne veulent tout simplement pas que leur travail soit un défi. Pourquoi faire un travail plus difficile si ce n'est pas ce que vous voulez vraiment faire ?

Mais les personnes qui influencent sont *certaines*. Pour être certain de quoi que ce soit, il faut avoir une idée claire de ce que l'on veut vraiment atteindre. Lorsqu'il y a certitude, abattre ce mur électronique et vouloir influencer les gens se fait plus naturellement.

Cette partie du livre est conçue pour vous inciter à réfléchir à ce que vous essayez *vraiment de* réaliser dans votre vie. Mon objectif est de vous faire réfléchir à la manière dont vous pouvez créer un scénario de monde parfait. Je suis convaincu que la réalisation de ce scénario parfait ne peut se faire qu'avec beaucoup de dévouement et de travail. Il n'y a pas de véritable raccourci. Il y a une corrélation directe entre le succès et le niveau de faim pour réaliser vos rêves. Je veux vous mettre au défi d'augmenter votre désir de réaliser votre vision. Mais beaucoup de gens ne sont pas sûrs de ce que cela signifie vraiment pour eux. À quoi ressemble vraiment le scénario du monde parfait ?

Un vieux proverbe bouddhiste dit : "Quand l'étudiant est prêt, le professeur apparaît". Les opportunités de réussite sont souvent manquées simplement parce que l'individu n'est pas prêt pour cette réussite. Quelques-uns semblent être nés prêts pour le succès, mais pour la plupart des gens, il y a un catalyseur qui les pousse à avoir envie de l'atteindre. Il peut s'agir de se marier, d'avoir des enfants, de vouloir une promotion, de se fixer un objectif financier ou simplement de décider d'adopter un meilleur style de vie.

Passons à la vue d'ensemble. La première partie de ce livre porte sur l'influence que vous pouvez exercer sur vous-même. Il est difficile d'y parvenir si vous êtes tombé si bas dans le terrier du lapin que vous ne voyez pas ce que vous essayez vraiment d'accomplir.

J'aime faire des conférences en Californie et en Australie occidentale parce que j'adore aller à la plage dans ces endroits et regarder le soleil se coucher sur l'océan. C'est un moment magique de la journée. Le soleil s'abaisse lentement au-dessus de l'eau jusqu'à ce qu'il n'en reste qu'un peu et il envoie une lumière orange rougeoyante sur l'eau. Puis, soudainement, il fait pouf, et disparaît. Juste comme ça. On pourrait penser qu'il faut beaucoup de temps pour que le soleil disparaisse enfin, mais ce n'est pas le cas. Cela signifie pour moi la fin de la journée. C'est un bon moment de clarté pour moi chaque jour. Je peux regarder cette journée et penser à ce que j'ai bien fait et à ce que je n'ai pas fait. Il y a une part de vérité dans cette rétrospective de fin de journée.

Utilisation du coucher de soleil

Ce qui est génial, c'est que nous n'avons pas besoin d'aller à la plage pour le faire. Nous pouvons créer un coucher de soleil pour nous-mêmes en créant un scénario parfait pour l'avenir. Le coucher de soleil est une métaphore de l'avenir.

Le coucher de soleil est un outil puissant de maîtrise de la ligne du temps. Il s'agit d'un outil qui vous aide à maîtriser votre calendrier et à obtenir une grande clarté sur ce que vous voulez réaliser au cours des deux prochains mois, des six prochains mois, des 12 prochains mois ou des 55 prochaines années. Quelle est votre échéance à deux mois ? Quelle est votre échéance à six mois ? Votre échéance de 12 mois ? Votre échéance de 55 ans ? La meilleure façon d'y voir plus clair dans n'importe quelle situation, c'est de calculer votre horizon.

Le coucher de soleil est un outil pour créer la faim. L'une des plus grandes plaintes que je reçois des directeurs et des responsables des ventes est qu'ils veulent plus de vendeurs affamés. Les directeurs commerciaux sont frustrés parce qu'ils ont des vendeurs qui ont un énorme potentiel, mais qui ne veulent pas faire le petit plus qui permettrait de conclure l'affaire. De nombreux directeurs des ventes sont frustrés de ne pas avoir de vendeurs qui ont assez faim pour faire de la prospection et passer le nombre d'appels téléphoniques nécessaires pour réussir.

Souvent, le manque de faim vient d'un manque de clarté. Comme j'aime à le dire, "Celui ou celle qui ne tire sur rien atteint généralement son but".

Laissez-moi vous poser une question. Avez-vous déjà eu l'impression qu'un jour, une semaine ou un mois passe, et que six mois plus tard, vous ne savez plus si vous êtes sur la bonne voie pour atteindre vos objectifs ? Est-ce que vous avancez vraiment vers ce que vous voulez atteindre ?

Le problème de beaucoup de gens est qu'ils essaient de se fixer des objectifs en vivant dans l'instant présent. Beaucoup de gens dans le vaste monde de la vie vivent, travaillent et survivent sur ce que j'appelle la roue de hamster de la vie. Sur la roue de hamster de la vie - et si vous pouvez imaginer un hamster sur une roue de hamster dans votre esprit en ce moment - ce hamster tourne et travaille dur. Il se lève tous les jours et travaille dur en tournant sans cesse dans la roue du hamster. À la fin de la journée, il est fatigué, mais il ne s'approche pas de ce qu'il veut obtenir dans sa vie, du niveau d'accomplissement qu'il veut atteindre et, souvent, il n'est même pas sûr qu'il tourne dans la bonne roue de hamster.

Le problème est qu'ils ne font que réagir à ce qui se passe dans le présent.

Sortir de la roue du hamster

chronologie

Avec cette chronologie, il est essentiel de comprendre quelques concepts clés :

La vérité est dans le futur (coucher de soleil).

L'épanouissement vient du fait de vivre dans le présent.

Le passé peut vous retenir.

Dans la prochaine partie de ce livre, je veux vous mettre au défi de réfléchir à la manière dont cette ligne de temps s'applique à votre vie. Dans tous les aspects de votre vie, je veux que vous réfléchissiez vraiment à la clarté que vous avez sur ce que vous essayez d'atteindre.

La vérité est dans l'avenir (coucher de soleil)

Pour rendre le concept du coucher de soleil plus vivant, je vais utiliser un exemple de relation. Lors de certaines conférences sur la fixation d'objectifs auxquelles je participe, je demande à tous les hommes mariés présents dans la salle de lever la main et je les mets au défi de rentrer chez eux et de poser une question simple.

Quand vous rentrerez tous chez vous ce soir, leur dis-je, je veux que vous preniez un verre de vin avec votre femme et que vous lui posiez une question très simple. Asseyez-vous, regardez-la dans les yeux et demandez-lui : "Comment penses-tu que notre relation se passe en ce moment ?". '

Le public rit toujours quand les hommes mariés gémissent.

"Je suis sérieux," je continue. Je veux que tu t'assoies, que tu regardes ta femme dans les yeux et que tu lui poses cette question très simple. "Comment penses-tu que notre relation se passe en ce moment ?" '

La réponse, je leur dis, sera souvent quelque chose comme ceci. Il se peut qu'elle remue sur son siège et qu'elle dise ensuite : "Vous voulez vraiment savoir ? Umm - c'est bien. Je veux dire - ouais, c'est humm, bien. Je veux dire que j'aimerais qu'on ait plus de temps. J'aimerais qu'on ait plus de temps ensemble. En fait, ce n'est pas vrai. J'aimerais vraiment avoir plus de temps pour *moi*. C'est occupé, tu sais. Maintenant que j'y pense. Tu sais quoi ? C'est bon. Elle dit ça en secouant la tête d'un côté à l'autre. "C'est bien. C'est vrai. Je pense que c'est bien.

Il n'y a pas de vérité dans *Fine*. L'amende est quelque chose que les gens utilisent tout le temps pour éviter de regarder la vérité. Comment vont les affaires ? *Bien*. Comment va votre relation ? Ça *va*. Comment va ton corps ? Ça *va*. Je suis trop occupé en ce moment pour m'en occuper. Il n'y a pas de vérité dans le mot "bien".

En fait, si vous vouliez connaître la vérité, vous poseriez une question à votre femme dans le futur. Vous lui poseriez une question sur le coucher de soleil. Vous lui poseriez une question sur son coucher de soleil de trois mois.

Ma chérie, disais-tu, voyageons dans trois mois à partir de maintenant [coucher de soleil à trois mois] et imagine que tu décroches le téléphone et que tu appelles ton meilleur ami au monde. Lorsque vous décrochez ce téléphone pour appeler votre meilleur ami dans trois mois, vous dites ces mots : "Je n'ai jamais été aussi heureux dans ma relation que maintenant." Pour que tu dises ces mots, que s'est-il passé ? Qu'est-ce qui a changé ? Qu'est-ce que j'ai fait ? Qu'est-ce que tu as fait ? Qu'avons-nous fait ensemble ?

Et, messieurs, vous espérez qu'elle ne dira pas : "Pour que je dise ces mots, je vis avec le *gars de la piscine* maintenant !".

Dans tous les cas, ce serait la vérité.

Pour vous, imaginez un coucher de soleil dans trois mois à partir de maintenant. Imaginez que vous décrochez le téléphone dans trois mois, que vous appelez un ami et que vous lui dites : "Je n'ai jamais été aussi heureux dans mon travail qu'en ce moment. Je n'ai jamais été plus connecté à mon entreprise que maintenant. Pour que vous puissiez dire ces mots, que s'est-il passé ? Qu'avez-vous fait ? Qu'avez-vous mis en place ? La réponse est le *critère* dont vous avez besoin pour agir.

Allons dans 12 mois à partir de maintenant. Imaginez un coucher de soleil sur 12 mois - pour que vous entriez dans cette pièce dans 12 mois et que vous ayez le corps que vous voulez avoir, pour que vous vous sentiez mieux physiquement par rapport à votre apparence, à la façon dont vous êtes connecté à vous-même et à votre présence. Pour que vous ressentiez cela, que s'est-il passé ? Qu'avez-vous changé ? La réponse est le *critère* dont vous avez besoin pour agir.

Que se passe-t-il si, dans 18 mois, vous avez eu les 18 mois les plus réussis de votre vie ? Pour que tu arrives et que tu me dises : "Chris, je me sens mieux personnellement et professionnellement que je ne l'ai jamais été. Pour que tu dises ces mots, que s'est-il passé ? Qu'est-ce qui a changé pour vous ? Pour que vous arriviez à ce coucher de soleil, qu'avez-vous mis en place ? La réponse est le *critère* dont vous avez besoin pour agir.

Ce n'est pas différent avec un coucher de soleil à long terme. La plupart des gens passent leur vie à tourner sur cette roue de hamster. Laissez-moi vous présenter le coucher de soleil à 85 ans. Le coucher de soleil à 85 ans est une image de vous, assis sur une chaise à 85 ans, regardant en arrière sur les 20, 30, 40, 50, 60, 70 dernières années de votre vie. Imaginez que vous regardez en arrière sur les événements de votre vie. Imaginez que vous êtes assis dans votre fauteuil préféré et que vous sirotez un verre de vin devant votre feu de cheminée en réfléchissant à tout ce qui s'est passé. Pour vous, il s'agit de revenir sur cette dernière période et de vous dire : "J'ai réussi. C'est exactement ce que je voulais faire. J'ai vécu ma vie comme je voulais la vivre. Je suis ravi. Pour que vous ressentiez cela à propos de votre vie, que s'est-il passé pour vous ? Qu'avez-vous fait ? Quels risques avez-vous pris ?

Les réponses concernant les risques à prendre se trouvent dans le coucher du soleil. Les critères relatifs à ce que nous devons faire et à ce que nous devons changer se trouvent dans le coucher du soleil. De nombreuses personnes arrivent à 85 ans et se rendent compte qu'elles ont vécu une vie pleine de regrets. Pour que vous ressentiez un soulagement au lieu d'un regret, qu'avez-vous fait ? La réponse est le *critère* dont vous avez besoin pour agir.

Lorsque vous parlez avec des personnes âgées, elles ne regrettent généralement pas les choses qu'elles ont *faites*, mais plutôt les choses qu'elles *n'ont pas* faites.

Revenons en arrière et parlons d'aujourd'hui. Quel est votre coucher de soleil d'aujourd'hui. Je veux dire, pour vous, rentrer dans votre maison à la fin de la journée et dire :

Wow, super journée ! J'en ai profité au maximum.

Pour que vous puissiez dire qu'à la fin de la journée, que s'est-il passé ? La réponse est le *critère* dont vous avez besoin pour agir.

Les questions du coucher du soleil comme outil de vente

Pour les vendeurs, l'une des meilleures utilisations du concept d'extinction est de poser aux clients potentiels des questions d'extinction. Il s'agit de questions qui permettent de clarifier les lacunes qui les empêchent d'aller de l'avant ( ) et la façon dont ils peuvent être en mesure de trouver une solution à ces lacunes.

Un exemple de question à poser dans mon secteur, si je m'asseyais avec un directeur des ventes, serait : "Dans douze mois, pour que vous puissiez venir ici et dire que cette année a été la meilleure de tous les temps, que s'est-il passé et qu'est-ce qui a changé ?".

La réponse comprendra une discussion sur l'amélioration des compétences de vente et de la gestion du temps des membres de l'équipe de vente, ainsi que sur la création de meilleures habitudes. Ces réponses me rapprocheront d'une vente car j'adapterai ma présentation de vente pour proposer des solutions concernant les compétences de vente, la gestion du temps et la création d'habitudes gagnantes.

Quels sont des exemples de questions d'extinction dans votre secteur ? La formule de base pour poser ces questions de caducité serait la suivante :

Choisissez un délai (par exemple, un délai de 12 mois) et demandez au client de partager ce qui serait son scénario idéal à la fin de ce délai.

Demandez et déterminez quels changements devraient avoir lieu pour que cela se produise.

Les réponses vous donneront des critères d'action. Liez votre présentation de vente à la manière dont vous pouvez aider le client à agir en fonction de ces critères.

Un exemple simple d'utilisation des questions de type "sunset" pourrait être l'exercice en salle de sport :

Dans douze mois, pour que vous puissiez entrer ici et vous sentir bien dans votre corps, qu'est-ce qui changerait ? Qu'est-ce que vous seriez capable de faire que vous ne pouvez pas faire en ce moment ? À quoi ressemblerait votre corps ?

Quels changements devraient être apportés à l'entraînement et au régime alimentaire pour atteindre cet objectif ?

Les réponses à ces deux questions vous donnent les critères, il est donc temps d'élaborer un plan d'action !

Entretiens et évaluations des performances

Les questions de type "sunset" sont également très efficaces lors des entretiens et des évaluations de performances.

Dans le cadre d'un entretien, le fait de poser une question de type "sunset" vous permettra de savoir clairement où la personne se voit au sein de votre organisation. Par exemple, si vous demandez à un employé potentiel : "Dans douze mois, pour que cet emploi ait été le plus satisfaisant que vous ayez eu, quelles sortes de choses auraient dû se produire pour vous ?".

Les réponses peuvent être les suivantes : "L'une des raisons pour lesquelles j'ai souhaité passer l'entretien pour ce poste était le potentiel à long terme. J'aimerais pouvoir évoluer vers le marketing et faire carrière après avoir fait mes preuves.

Ce n'est pas du tout la même chose que s'ils vous regardent d'un air absent et marmonnent : "Umm, je suppose que j'aurais été payé".

J'hésiterais beaucoup à engager quelqu'un qui n'a pas au moins une idée claire de son rôle, de l'organisation et de ce qu'il souhaite réaliser pour l'avenir.

L'examen des performances est exactement le même. Imaginez que vous rencontriez un employé frustré et que vous lui posiez une question en creux. Je sais que vous avez été frustré au cours des 12 derniers mois, mais regardons l'année prochaine. Pour que vous puissiez vous présenter ici pour votre évaluation dans 12 mois et me dire : "Cette année a été la meilleure pour moi sur le plan professionnel", que se sera-t-il passé pour vous ? Qu'est-ce qui aura changé pour vous ?

Conseil

Faites le point sur les vacances ! Lorsque des personnes partent en vacances, l'une d'entre elles finit souvent par ne pas pouvoir faire tout ce qu'elle voulait. Ils rentrent déçus parce qu'ils ont manqué une activité qui leur tenait à cœur.

Pour éviter que cela ne se produise, essayez d'utiliser les questions du coucher du soleil lorsque vous organiserez vos prochaines vacances. Imaginez que vous organisez vos vacances romantiques à Bali : "Chéri, pour que tu arrives à la fin de tes vacances et que tu aies le sentiment d'avoir fait tout ce que tu voulais faire et que ce soit les meilleures vacances de tous les temps, qu'avons-nous fait ?" Votre partenaire répondra probablement quelque chose comme : "Eh bien, je veux absolument faire de la plongée avec tuba, de la randonnée et je veux vraiment m'assurer que j'ai trois ou quatre jours où je peux m'allonger sur la plage et ne rien faire". Vous avez vos critères : planifiez votre voyage ! Passez le meilleur moment de votre vie !

L'épanouissement vient du fait de vivre dans le présent.

Dans le passé, j'ai eu des gens qui comprenaient mal le concept du coucher de soleil et qui disaient des choses comme : " Chris, si tu passes tout ton temps à t'inquiéter de l'avenir, tu ne vivras pas le moment présent. Ils auraient raison si vous ne regardiez pas l'*ensemble de la* ligne du temps (voir p. 108).

La vérité se trouve dans l'avenir en termes de *critères* à mettre en œuvre. Les critères qui doivent être mis en action sont découverts en obtenant la clarté en créant un scénario de monde parfait. Cependant, la vie proprement dite, une fois que vous avez eu un aperçu de cette clarté dans le futur, se déroule dans le *moment présent*. L'épanouissement vient de la vie dans le *présent*.

J'ai beaucoup appris sur la façon de vivre dans le présent au manège sous-marin Finding Nemo à Disneyland. Je participais à une conférence à Palm Springs, en Californie, et j'ai emmené mon fils, alors âgé de cinq ans, Billy the Kid, faire le grand voyage d'Australie en Californie. J'ai pensé que c'était l'occasion idéale de passer un moment privilégié avec lui et de l'emmener à Disneyland. Soit dit en passant, tout parent qui a l'occasion de passer dix jours en tête-à-tête avec l'un de ses enfants ne devrait pas la laisser passer. Le lien qui se crée est phénoménal.

Bref, nous étions à Disneyland et je lui ai vendu la journée. Toute la matinée, je lui dis après chaque tour de manège combien cette journée est bonne. Je m'entends lui dire des choses comme

: "Quelle chance tu as, mon pote, de voir le vrai Mickey ? C'est pas génial ? C'est le vrai Lightning McQueen ! Billy, cette glace était bonne ? Comment était cette attraction aquatique ? Je vendais tellement cette journée que je n'avais pas réalisé quelque chose d'incroyablement important. J'étais tellement occupé à vendre cette journée que je l'ai *ratée*.

Nous étions sur le point de mettre nos yeux dans le périscope du manège sous-marin "Le monde de Nemo", quand je lui ai dit à quel point ça allait être bien. Billy, nous allons voir Nemo ! Nous allons voir Bruce le requin ! On va voir Dory et Crush la tortue. . . '

Soudain, des perles de sagesse sont apparues lorsque Billy a mis sa main en l'air et m'a empêché de continuer en disant : "Nous verrons ce que nous verrons".

Et avec ça, il a mis ses yeux sur le périscope.

Nous verrons ce que nous verrons.

C'est génial.

Imaginez combien vous seriez *présent* dans le voyage quotidien si vous vous en approchiez pour voir ce que vous voyez. Imaginez le changement dans les attentes et les déceptions. Au lieu de cela, tout se passerait devant vous et la journée serait consacrée à l'apprentissage de ce voyage. Pas un jour ne s'est écoulé depuis que je n'ai pas pensé à cela. Tant que le coucher de soleil nous apporte clarté et orientation, il est essentiel que nous vivions la journée.

Le passé vous retiendra

Je suis toujours fasciné par le concept des moments de porte coulissante : j'ai toujours été fasciné par le fait que la vie peut totalement changer en un instant, ou avec une seule décision ou même une seule circonstance. Faites un choix différent et la vie sera modifiée à jamais.

Cela signifie qu'il existe une société entière de personnes qui ont fait des choix dans leur vie qu'elles regrettent. Ces moments de regret concernant les choix qu'ils ont faits créent souvent des problèmes sur leurs épaules.

Tout le monde en a à un certain degré. Certaines personnes ont beaucoup de regrets, et ils étouffent les succès et les possibilités futures. D'autres personnes ont moins de regrets et ne s'accrochent pas à des émotions comme la culpabilité et l'insécurité aussi fortement que d'autres.

Ces regrets sont les décisions que vous avez prises et qui ont créé des éclats sur votre épaule. Pour certains, il s'agissait de décisions concernant les études, le mariage, la décision d'avoir ou non des enfants, la profession, le déménagement loin de la famille et des amis - la liste est longue. Beaucoup de ces décisions m'ont dit que c'était "la meilleure chose qu'ils aient jamais faite". D'autres vous raconteraient l'histoire de ces moments, décisions et circonstances avec beaucoup de regret.

Souvent, ce n'est pas à nous de faire les choix. Tout le monde peut vous parler de circonstances qui leur ont été imposées sous des millions de formes. Ce sont les choses sur lesquelles vous n'aviez aucun contrôle. Ce sont les choses que les gens vous ont dites ou que les gens vous ont faites ; les gens qui ont décidé de ne pas vous aimer ou ceux qui vous ont quitté en mourant.

Tous ces moments, décisions et circonstances sont essentiels pour définir les puces que chaque personne porte avec elle. Plus les gens jouent dans l'arène des regrets du passé, plus il est difficile de gagner en clarté au coucher du soleil ou de vivre dans le présent. Au lieu de cela, ces personnes vivent leur vie en se concentrant sur des événements passés qu'elles n'ont pas la capacité de changer. Il est pratiquement impossible d'influencer les autres tant que vous ne maîtrisez pas votre propre ligne de temps. Pour ce faire, les puces doivent se transformer des regrets en apprentissage.

Exercice

Chaque fois qu'un événement ou quelque chose de significatif s'est produit dans votre vie, surtout s'il a été quelque peu destructeur pour votre âme, posez-vous deux questions simples :

Pourquoi pensez-vous que c'est arrivé ?

Qu'avez-vous appris ?

Ces deux questions peuvent transformer n'importe quel événement négatif important ou n'importe quelle puce dans votre vie en un apprentissage. Lorsque ces questions sont posées, votre cerveau ne peut s'empêcher de chercher une réponse positive sur la raison pour laquelle cet événement a eu lieu et sur ce que vous avez appris.

Je vous mets au défi, avec chacun des éclats que vous avez dus à des moments, des décisions et des circonstances, de vous poser ces deux questions. Parce que c'est une chose incroyable quand vous sentez que les éclats se détachent de votre épaule et qu'au lieu de vous peser, ils vous rendent plus fort.

Beaucoup de gens vivent une grande partie de leur vie dans un passé négatif. Faites très attention à utiliser le passé comme une série de leçons et à ne pas vous laisser entraîner dans le "je voudrais, je pourrais, je devrais". Transformez le passé négatif en apprentissage et le passé ne vous retiendra plus. Au contraire, il vous servira de guide, vous permettant de vous diriger vers le coucher du soleil et de prendre de meilleures décisions dans le présent.

J'ai eu l'occasion de rencontrer tant de personnes étonnantes. De temps en temps, je rencontre quelqu'un qui possède une qualité que j'aime qualifier de présence non anxieuse. Cela m'est arrivé lors d'une conférence ou d'une fête où j'ai rencontré quelqu'un qui me semblait avoir une telle maîtrise d'elle-même ( ). Elle semblait être meilleure que tout le monde. Elle était vraiment présente et complètement à l'aise dans sa propre peau. Elle était tout simplement très douée pour être *elle-même.*

Je me suis toujours demandé ce qui distinguait cette personne de tant de gens qui semblent gênés et anxieux. J'ai trouvé la réponse : ces personnes gèrent bien leur ligne du temps. Elles se libèrent du passé (en transformant les regrets en apprentissage) et elles ont une vision claire de l'avenir (clarté). Parce qu'elles savent très bien où elles ont été et où elles vont, elles sont capables de *vivre* le moment présent. Elles sont capables d'être présentes et non anxieuses. Elles possèdent cette qualité de présence non anxieuse.

Montrez-moi un leader anxieux et je vous montrerai une équipe anxieuse. Montrez-moi un maître d'école anxieux et je vous montrerai une classe anxieuse. Montrez-moi un leader mondial anxieux et je vous montrerai une société anxieuse. Montrez-moi un vendeur anxieux et je vous montrerai un client anxieux.

La terre entre les deux

C'était extraordinaire de travailler avec les gens pendant la crise financière mondiale et de les aider à élaborer des stratégies pour une nouvelle réalité financière. Ce que j'ai découvert, c'est qu'entre 2009 et 2012, beaucoup de gens étaient paralysés par leur situation actuelle. Ils étaient entrés dans un endroit que j'aime à considérer comme un pays intermédiaire. Qu'est-ce que j'entends par là ?

Cette terre d'entre-deux est un lieu où tout ce qui est devenu normal est interrompu. Souvent, cette terre d'entre-deux est accompagnée d'une conversation qui débarque dans nos vies comme une bombe qui explose :

"Le marché boursier s'est effondré.

"Votre poste au sein de l'entreprise a été supprimé.

"Il y a eu un accident.

La tumeur est maligne.

"Je ne t'aime plus.

"Ta mère et moi allons divorcer.

Les tests de fertilité n'étaient pas concluants.

Soudain, la vie de cette personne telle qu'elle la connaît ne sera plus jamais la même. Elle est projetée dans le pays de l'insécurité financière. Ils tombent dans le monde des chômeurs. Elle se retrouve projetée dans le pays des célibataires soudains. Soudain, la personne se trouve dans cet "entre-deux" et elle n'est pas sûre de la route à suivre pour trouver un nouveau lieu de sécurité, d'espoir et de normalité.

J'ai vécu une expérience en septembre 2011 qui m'a lancé dans le pays de l'entre-deux.

L'appel téléphonique est sorti comme d'un film. Il était 4 h 30 du matin et j'étais dans un état second lorsque j'ai décroché le combiné. Même dans le brouillard, je pouvais sentir la tristesse de ma belle-mère à l'autre bout du fil.

"Chris, c'est Sandy. J'ai de mauvaises nouvelles. Ton père vient de mourir.

C'était un appel auquel j'avais pensé. Il avait 69 ans et avait subi au total quatre crises cardiaques au cours des 11 dernières années. La vraie frustration, c'est que je ne m'attendais pas à cet appel maintenant. Il venait de se faire remplacer une hanche. L'hôpital l'avait renvoyé chez lui, alors j'ai supposé qu'il allait s'en sortir. Il allait avoir un regain d'énergie avec sa nouvelle hanche.

Mon père n'était pas prêt à mourir. Certaines personnes le sont. Mon père travaillait toujours et, à bien des égards, faisait son meilleur travail. À 69 ans, il avait trouvé une paix qui, je crois, lui avait échappé pendant une grande partie de mon enfance. Il avait plein de projets et d'objectifs pour les dix prochaines années.

Mon père était très attaché au voyage de la vie. Ce qui le rendait remarquable n'était pas son infaillibilité. C'était son humanité. Il avait appris de son voyage. Il avait appris de beaucoup de ses erreurs. Mon père était un homme de croissance. Je crois qu'il était un homme très différent à 69 ans de ce qu'il était à 59 ans.

Naturellement, j'ai passé une période de temps après la mort de mon père à vivre ici. La vie telle que je la connaissais ne serait plus jamais exactement la même. L'appel téléphonique m'avait fait entrer dans un monde intermédiaire. Malheureusement, un chapitre de ma vie était clos. Cependant, je me suis rendu compte peu après que ce nouveau chapitre de ma vie sans mon père avait commencé. Même s'il y aura toujours un sentiment de perte immense, j'ai compris qu'il était temps d'*aller de l'avant* et d'*accepter* ce qui était arrivé. Il était temps de commencer à vivre dans ce nouveau chapitre du livre de ma vie et d'accepter une nouvelle réalité.

Ceci étant dit, je ne cesse de m'étonner du nombre de personnes qui vivent dans un état de paralysie dans l'entre-deux. Combien de personnes regardent leur secteur d'activité et réalisent que la vie telle qu'ils l'ont connue sera désormais différente ? Ils découvrent que la façon dont ils ont toujours fait des affaires a changé. Ce qu'ils faisaient dans le passé ne fonctionne plus ! Pourtant, ils sont heureux de vous en parler tous les jours. Ils disent constamment des choses comme :

"Mec, c'était plus facile de vendre ces trucs il y a 10 ans. C'était le bon temps.

L'économie est terrible maintenant. Ce travail n'est plus amusant. Je l'ai aimé au début de ma carrière. C'était le bon temps.

La vie est si chère aujourd'hui. Quand j'étais enfant, il était plus facile pour les parents d'élever leurs enfants.

La vérité est que la vie change. Les choses que les gens faisaient pour réussir dans le passé ne sont peut-être pas celles qu'ils doivent faire pour réussir dans le futur. Mon père est décédé. Je me souviens des leçons et des souvenirs du passé. Je peux chérir les câlins et les moments où je levais les yeux pour le voir me regarder depuis la ligne de touche. Je peux garder cela près de mon cœur. Cependant, la guérison vient quand on va de l'*avant*.

Il s'agit d'utiliser les leçons qui m'ont été données pour construire un meilleur avenir. Il s'agit aussi pour moi d'essayer d'être un meilleur homme dans 10 ans que je ne le suis aujourd'hui.

Il n'en va pas autrement dans le monde des affaires. Le fait est que le passé est révolu. Ce chapitre est clos. La réalité pour beaucoup de gens est que la façon dont ils faisaient des affaires il y a un certain nombre d'années ne fonctionne peut-être plus aujourd'hui. Les activités qu'ils menaient dans le passé ne génèrent pas forcément des affaires et la fidélité des clients comme avant.

Par conséquent, les gens ont certaines options. Ils peuvent examiner leur situation actuelle et se demander ce qu'ils veulent faire pour l'avenir :

Idéaliser le passé et souhaiter que tout soit encore comme avant.

Se vautrer dans l'entre-deux actuel et ne pas prendre de mesures pour changer, mais plutôt continuer à faire les choses qui ne fonctionnent plus aussi efficacement.

Acceptez une nouvelle réalité !

La nouvelle réalité peut être passionnante. Le défi du voyage est passionnant. Il ne s'agit pas d'être infaillible. C'est plutôt le contraire. Je vous mets au défi de franchir les étapes de la nouvelle réalité pour votre entreprise. Quelles sont les choses que vous devez mettre en action ? Dans douze mois, si vous vous rendez sur le site lors d'une conférence et que vous me dites : "Chris, cette année a été la meilleure de ma vie - professionnellement, physiquement et sur le plan relationnel. Je n'ai jamais été aussi heureux qu'aujourd'hui". Pour que vous puissiez dire ces mots, qu'avez-vous commencé à faire ? Qu'avez-vous arrêté de faire ? Je vous mets au défi de trouver la clarté qui vous donnera la capacité de vous influencer vous-même.

Résumé du chapitre 3

La raison pour laquelle j'ai commencé ce livre en parlant de l'influence que vous exercez sur vous-même et de la maîtrise de votre ligne du temps est qu'il est impossible d'influencer réellement les autres si vous ne disposez pas de ces deux mots magiques : certitude et simplicité. Une fois que vous avez un certain niveau de certitude concernant votre ligne du temps, les gens écouteront ce que vous avez à dire. Il est très difficile d'influencer réellement les gens si vous n'êtes pas clair et si vous ne savez pas en quoi consiste votre coucher de soleil.

Je vous mets au défi d'y consacrer un peu de temps. Découvrez ce qu'est vraiment votre coucher de soleil. La vérité est dans l'*avenir*. Pour que vous soyez la personne que vous voulez vraiment être, quels comportements devez-vous mettre en place ? Quelles habitudes devez-vous adopter ?

Faites attention aux modèles de langage que vous utilisez lorsque vous parlez du *passé*. Il n'y a rien de mal à se souvenir des bons moments et à analyser les comportements passés. Cependant, je vous mets au défi de sauter à pieds joints dans une nouvelle réalité. Qu'est-ce qui va marcher aujourd'hui ? De quoi dois-je me débarrasser dans mon passé ? Quelles actions dois-je mettre en place dans mon entreprise pour réussir à aller de l'avant ?

Le changement se produit plus rapidement qu'à n'importe quel moment de l'histoire. C'est passionnant d'en faire partie !

Questions rapides

À quoi ressemble votre coucher de soleil sur 12 mois sur le plan professionnel ?

Quelles actions devez-vous entreprendre pour l'atteindre ?

Comment pourrais-tu t'améliorer en vivant dans le présent ?

Quels sont les problèmes que vous rencontrez et qui vous empêchent parfois d'avancer ? Comment sabotent-ils votre réussite ?

Pour transformer ces éclats en apprentissage, demandez-vous pourquoi, à votre avis, ces choses se sont produites. Qu'avez-vous appris ? En quoi le fait de savoir cela améliore-t-il votre capacité à réussir maintenant ?

Avez-vous idéalisé le passé et la façon dont les choses étaient autrefois d'une manière qui n'est pas constructive ?

Vous êtes-vous senti paralysé dans l'entre-deux, vous demandant quel devrait être le plan pour aller de l'avant ?

Avez-vous besoin d'embrasser une nouvelle réalité dans votre entreprise et d'adopter de nouvelles habitudes et de nouveaux comportements ?

Nous pouvons faire un crépuscule pour nous-mêmes en créant un scénario pour l'avenir.

RÉSUMÉ DE LA PARTIE I

Influencer soi-même - action et clarté

La première partie de ce livre traite de l'influence que vous pouvez exercer sur vous-même. Il s'agissait de vous inciter à agir pour réaliser ce que vous recherchez. J'espère que vous serez en mesure d'utiliser les outils que sont l'abattement du mur électronique, le papillon et le coucher de soleil pour vous inciter à agir en vue d'atteindre votre scénario idéal et à clarifier la vie que vous souhaitez mener, tant sur le plan professionnel que personnel.

Partie II
Influencer les autres : inspirer et motiver

La deuxième partie de ce livre porte sur la communication authentique. Je l'ai divisée en quatre outils de communication que j'utilise plus que tout autre avec mes clients et avec mes amis. Quand je dis cela, je veux dire que j'utilise ces outils dans la vie de tous les jours. Je les utilise dans les réunions, les appels de vente et les fêtes. Ce sont littéralement des outils que vous pouvez utiliser dans tous les contextes de votre vie pour vous aider à obtenir ce que vous voulez. Ils peuvent être utilisés dans l'éducation, les relations et même pour - l'excellence en boîte de nuit ! Amusez-vous avec eux. Ils sont si faciles à utiliser et à penser.

Ces chapitres traitent de la persuasion, de la conversation et de la lecture de différents types de personnes.

C'est parti ! Voici les trois premières affirmations sur les trois premiers outils présentés dans ce livre. Il s'agit tout simplement du meilleur outil qui *soit* pour créer une présence, du meilleur outil qui *soit* pour communiquer et enfin, du meilleur outil qui *soit* pour persuader !

Est-ce que j'ai exagéré ? Je ne pense pas. Ces outils fonctionnent. Ils sont là.

Outil numéro 4 : faire comme si

Les clés pour améliorer votre langage corporel et accroître votre présence.

Évaluer comment vous êtes perçu par les autres et comment vous vous montrez chaque jour.

Cinq ajustements qui améliorent considérablement votre capacité à influencer les autres.

Outil numéro 5 : FOR, ORF, ROF

Maîtriser l'art du small talk et de la conversation.

Maîtriser l'art de la vente et du leadership.

Maîtriser l'art de la gestion de la clientèle.

Outil numéro 6 : positif, positif, positif - négatif

Comprendre le fonctionnement du principe plaisir-douleur.

Inciter les autres à agir.

Créer un effet de levier pour amener les clients à prendre des décisions.

Outil numéro 7 : les couleurs

Comment lire les préférences de différents types de personnalités.

Comment utiliser ces informations pour influencer les autres dans la vente, le leadership et la vie.

Comprendre le pouvoir de la ligne du temps et comment les différents types de personnalités traitent l'information différemment.

Tous ces outils sont des concepts et des outils simples que vous pouvez utiliser immédiatement. Ils sont tous fantastiques. Profitez-en !

CHAPITRE 4
Outil numéro 4 : agir comme si

Albert Mehrabian, professeur émérite de psychologie à UCLA, est bien connu pour son étude sur le langage corporel et est souvent cité dans les cours de PNL. Il a déclaré que seuls 7 % de votre communication sont transmis par les mots. Il s'agit évidemment d'un nombre très faible. Mais 38 % de votre communication est transmise par le ton avec lequel vous dites quelque chose. Le ton est donc cinq fois plus puissant que les mots que vous utilisez.

Il doit y avoir une part de vérité dans cette affirmation, car l'expérience nous montre souvent que le ton est plus puissant que les mots. Vous savez que c'est vrai si vous avez déjà été dans une relation. Un homme regarde sa femme et lui demande d'un air confus : "Chérie, qu'est-ce qui se passe ? Il y a *un problème* ? Est-ce que j'ai fait quelque chose ? Qu'est-ce qui *ne va pas* ?

Rien ! Arrêtez de me demander. Il n'y a rien du tout !" hurle-t-elle.

J'espère qu'il ne répondra pas en disant : "C'est bien. Je ne pensais pas qu'il y en avait.

Bien sûr, quelque chose ne va pas.

En fait, la plupart d'entre nous sont plutôt doués pour détecter le ton et nous savons que le ton est souvent plus important que les mots. La plupart d'entre nous ( ) sont capables de déceler des éléments tels que le sarcasme, la sincérité et le manque de sincérité.

Mehrabian a également déclaré que 55 % de notre communication est transmise par le langage corporel. Et si ces pourcentages sont parmi les plus cités par les orateurs motivateurs du monde entier, beaucoup de gens ont également essayé de réfuter les chiffres exacts. Quoi qu'il en soit, si l'on met de côté les chiffres, il ne fait aucun doute que la forme de communication la plus importante et la plus puissante est notre langage corporel. Les pourcentages réels sont difficiles à connaître, mais en termes simples, votre langage corporel dans la plupart des situations est votre moyen le plus puissant d'influencer inconsciemment les autres.

L'outil numéro 4, agir comme si, vous invite à réfléchir à la façon dont vous vous présentez chaque jour avec votre forme de communication la plus puissante - votre langage corporel. Que diraient les autres de vous en fonction de la façon dont vous vous comportez ? Que diraient-ils de la confiance qu'ils vous accordent ? Comment vous décriraient-ils lorsque vous entrez dans une pièce ? Êtes-vous heureux de la réponse à cette question ?

La bonne nouvelle, c'est que vous pouvez très rapidement changer votre façon d'influencer les gens à un niveau inconscient. Tout commence par trois mots. Ce sont les trois mots les plus importants ! Ce sont les trois mots qui, avec le recul, ont fondamentalement changé le cours de ma vie. Ces trois mots sont *Agir comme si.*

Laissez-moi vous expliquer. Si vous voulez être la personne que vous aimeriez vraiment être, laissez-moi vous poser une question : comment *cette* personne agirait-elle ? Faites comme si vous étiez cette personne et agissez comme si vous faisiez les choses qu'elle ferait. Je veux que vous observiez comment le changement commence à s'opérer.

Si vous deviez être un grand leader, comment *marcheriez-vous* ? Comment vous *tiendriez-vous*, comment vous *porteriez-vous* ? Quels livres *liriez-vous* ? À quoi *penseriez-vous* ? Quel genre d'émissions de télévision *regarderiez-vous* ? Quelles sont les choses que vous *ne* regarderiez *pas* ? Avec quelles choses *n'*embrouilleriez-vous *pas* votre esprit si vous vouliez être un leader exceptionnel ? Comment les meilleurs leaders *s'habillent-ils*, comment se tiennent-ils, comment se portent-ils ? Comment *se déplacent-ils* ?

De même, si vous deviez être un excellent vendeur, comment *marcheriez-vous* ? Comment vous *tiendriez-vous*, comment vous *porteriez-vous* ? Quels livres *liriez-vous* ? À quoi *penseriez-vous* ? Quel genre d'émissions de télévision *regarderiez-vous* ? Quelles sont les choses que vous *ne* regarderiez *pas*, les choses qui *ne* vous troubleraient *pas l'*esprit si vous vouliez être un excellent vendeur ? Comment les meilleurs vendeurs *s'habillent-ils*, comment se tiennent-ils, comment se portent-ils ? Comment *se déplacent-ils* ?

Il en va de même pour l'éducation des enfants. Si vous deviez être un bon parent, quel genre de choses liriez-vous, quel genre de choses regarderiez-vous ? Comment les grands parents s'habillent-ils ? Quel genre d'activités *font* les grands parents ? Agissez comme si vous étiez cette personne et le changement commencera instantanément à se produire. Vous pouvez avoir une idée absolument claire de la personne que vous voulez vraiment être et de la façon dont elle agirait en conséquence.

La question est toutefois de savoir comment commencer.

Pour commencer, agissez comme si

Je veux partager avec vous une série de changements simples pour vous mettre sur la bonne voie. Je vais vous demander de tenir un miroir et d'examiner votre marque personnelle et votre capacité à attirer les autres. Je veux que vous vous évaluiez dans chacun des domaines que je vais partager avec vous. Ces domaines peuvent être améliorés instantanément. Je vous demande donc de vous noter sur une échelle de 1 à 10 dans chacun de ces cinq domaines clés :

Posture

Contact avec les yeux

Sourire

Gratitude

L'énergie.

Examinons-les en détail.

1. POSTURE

Comment vous déplacez-vous et comment vous tenez-vous ? Il existe une façon de se déplacer pour les personnes qui réussissent. Il y a une façon dont les meilleurs leaders s'assoient dans les réunions et les conférences. Je vois tant de jeunes gens et la terrible posture qu'ils adoptent. Pensez au conseil que l'on donne aux jeunes : "Habillez-vous pour l'endroit où vous allez, pas pour celui où vous êtes". Je leur réponds : "Adoptez une posture adaptée à l'endroit où vous allez, et non à celui où vous êtes". Faites comme si !

Adoptez une posture qui montre que vous avez l'intention de réussir ! Je vois tellement de personnes assises à la réunion hebdomadaire, avachies comme si elles avaient du mal à se tenir debout.

Comment vous asseyez-vous dans vos réunions d'entreprise ? Comment vous asseyez-vous lors de vos réunions de vente ? Comment vous asseyez-vous lors des séances de formation ? Comment marchez-vous vers le bureau le matin ? Quelle posture adoptez-vous lorsque vous vous apprêtez à rentrer chez vous à la fin d'une dure journée ? Quelle posture adoptez-vous lorsque vous êtes sur le point de vous rendre à la salle de sport et de faire une séance d'entraînement ? Quelle posture adoptez-vous lorsque vos enfants vous disent qu'ils veulent vous montrer quelque chose ?

La boucle corps-esprit est bien vivante. Si vous observez une personne ayant une excellente posture, son langage corporel est alerte et éveillé. Ne vous y trompez pas, l'esprit suit le mouvement. Lorsque le corps est alerte et éveillé, l'esprit l'est également.

Les personnes en bonne santé ont une meilleure posture que les personnes malades. Les personnes heureuses ont une meilleure posture que les personnes tristes. Les personnes qui réussissent ont une meilleure posture que celles qui ont l'impression d'être des ratés.

Les autres personnes réagissent à la posture. Par conséquent, changez votre posture et changez instantanément la façon dont les autres vous perçoivent.

Allez-y : évaluez-vous. Dans quelle mesure êtes-vous capable d'adopter une posture d'excellence ? Comment vous présentez-vous chaque jour avec votre posture ? Attribuez-vous une note entre 1 et 10.

2. CONTACT AVEC LES YEUX

Croyez-vous que les yeux sont les fenêtres de l'âme ?

Les yeux sont étonnants. Je peux être sur scène et croiser le regard de quelqu'un et je peux sentir l'intensité avec laquelle il écoute. Je peux sentir qu'il est connecté à ce qui est dit. Les yeux créent une connexion instantanée.

Parfois, cette connexion peut être bonne et parfois, elle peut être mauvaise. Vous avez peut-être déjà fait l'expérience d'établir une connexion avec quelqu'un avec qui vous ne vouliez pas entrer en contact. Avez-vous déjà marché dans une rue animée et croisé le regard de quelqu'un à 20 mètres de distance ? Vous pouvez dire tout de suite que cette personne a des *yeux fous.* Vous êtes en train de marcher dans une direction et vous changez de direction instantanément ! Ou bien, vous étiez au volant de votre voiture et vous avez surpris le regard de quelqu'un à travers votre pare-brise et le sien. Le contact peut ne durer qu'une seconde, mais il y avait une connexion. C'était une relation rapide, mais cela pourrait être une bonne relation !

Une observation que j'ai faite au fil des ans est que les vrais grands leaders sont très doués pour *regarder* les gens. Ils établissent un contact visuel et donnent l'image d'une personne confiante et maîtresse d'elle-même. La plupart des employés veulent être inspirés par les personnes pour lesquelles ils travaillent. Une grande partie de cette inspiration vient du fait qu'ils ressentent une connexion avec leur leader. Il n'y a pas de moyen plus rapide d'établir un lien qu'en établissant un contact visuel avec cet employé.

Cependant, j'ai également observé que de nombreux patrons oublient souvent de regarder les personnes qu'ils gèrent ou dirigent et ont donc un faible niveau de connexion avec le message qu'ils envoient. Il en va de même pour les vendeurs. Il est stupéfiant de constater que de nombreux vendeurs ne *regardent* jamais vraiment leurs clients. Dès qu'ils sortent du rendez-vous, ils ne connaissent pas la couleur des yeux de leurs clients parce qu'ils ne les ont jamais vraiment regardés.

J'ai passé beaucoup de temps sur la route avec des vendeurs. J'ai accompagné des vendeurs lors de centaines de rendez-vous. La première question que je leur pose lorsque nous sortons du rendez-vous est la suivante : "De quelle couleur était sa cravate ? Quel type de bijoux portait-elle ? Neuf fois sur dix, le vendeur ne peut pas me le dire parce qu'il n'a jamais vraiment *regardé.* Il était tellement occupé à feuilleter les pages de sa présentation qu'il n'était jamais vraiment présent avec le client. Ils se contentaient de tourner les pages et le client n'a pas réussi à se connecter au message que le vendeur essayait de faire passer.

Beaucoup de parents font la même chose. L'enfant entre dans la pièce et dit : "Maman, papa, regarde le dessin que j'ai fait". Le parent, qui est au milieu de l'une des mille tâches qui occupent la journée d'un parent avec un jeune enfant, ne regarde jamais vraiment l'enfant dans les yeux. Au lieu de cela, il jette un coup d'œil dans sa direction et répond d'un regard fugace :

C'est génial, ma chérie. J'y jetterai un coup d'oeil plus tard, mais pour l'instant je dois préparer le dîner.

Ils n'ont pas *vraiment* regardé l'enfant. Ils n'ont pas *vraiment regardé* l'image. En fin de compte, ils ont manqué une occasion de se rapprocher de leur enfant. Ils ont eu l'occasion de mettre un genou à terre, de se mettre au niveau de l'enfant, de le regarder dans les yeux et de lui dire : "C'est magnifique, c'est fantastique. Ils ont raté l'occasion.

C'est la même chose dans une relation. Les gens oublient d'établir un contact visuel avec les personnes qu'ils aiment. Leur partenaire entre et leur dit : "Salut, chéri ! Combien de fois arrive-t-il que l'autre personne sourit rapidement en consultant ses e-mails sur son téléphone : "Bien - bien. Je vais juste vérifier rapidement mes e-mails et je suis à toi dans une minute".

Ça arrive tout le temps. Quand on ne regarde pas, on ne se connecte pas vraiment.

Je dis toujours aux spectateurs qu'à côté des mots "*contact visuel*", je veux qu'ils écrivent les mots "*être présent*". Lorsque les gens sont présents, ils regardent naturellement les autres.

Rappelez-vous, je ne parle pas de fixer sans cesse quelqu'un au point de commencer à le faire paniquer. Il ne s'agit pas non plus d'avoir de grands yeux en forme de soucoupe qui commencent à ressembler à des yeux fous ! Il s'agit plutôt d'un contact visuel approprié et d'une connexion qui démontre que vous êtes présent dans la conversation que vous avez.

Peut-être que lorsque vous avez grandi, vous avez eu un père ou une mère qui s'asseyait à la table du dîner et, même s'ils étaient physiquement là, ils n'étaient pas *vraiment* là. Vous pouviez leur poser une question ou même vous approcher d'eux et les prendre dans vos bras. Vous pouviez les frapper à l'épaule ou leur servir un verre. Même s'ils étaient juste devant vous, en réalité, ils étaient toujours au travail !

Peut-être cela vous arrive-t-il encore. Êtes-vous *présent* à la table du dîner ? Êtes-vous présent lors de la réunion de vente ? Êtes-vous présent dans la salle de réunion du conseil d'administration ? Il y a un grand pouvoir à être capable d'influencer d'autres personnes quand elles savent que quelqu'un les écoute. Tout le monde a fait l'expérience de parler à quelqu'un dont les yeux se voilent au milieu de la conversation. Vous ne pouvez pas influencer les gens qui ont les yeux vitreux.

Dans quelle mesure êtes-vous *présent* ? Dans quelle mesure êtes-vous capable de regarder les gens et d'établir un contact visuel qui leur indique que vous les écoutez et que vous n'êtes pas distrait ? Donnez-vous une note entre 1 et 10 pour le contact visuel. Dans quelle mesure êtes-vous capable de regarder et d'être présent ?

3. SMILE

C'est une question très simple. Combien de fois souriez-vous ? Certaines personnes sont souriantes. Certaines personnes sourient tout le temps. Elles entrent dans le bureau et elles sourient. Elles sont assises à une réunion et elles sourient. Elles vont à un examen de performance et elles sourient. Elles sont douées pour cela !

Certaines personnes sont tout le contraire. Je fais souvent référence à ces personnes lors des conférences auxquelles je participe. Comme je le dis, "La plupart d'entre vous sont des rieurs", je dis, en désignant les gens. Vous, monsieur, êtes un rieur ! Vous, madame, êtes un rieur ! Vous êtes définitivement un sourieur. Quelques-uns d'entre vous me regardent en ce moment et disent : "Je ne sais pas, j'ai essayé ça une fois et ça n'a pas marché pour moi !".

Pour la plupart des gens, la solution se situe probablement quelque part entre le fait de sourire tout le temps et le fait de ne jamais sourire. Le fait est que les gens veulent passer plus de temps avec des personnes qui les font se sentir bien. Il n'y a pas de moyen plus rapide de faire en sorte que quelqu'un d'autre se sente bien dans sa peau que de lui sourire. C'est aussi le moyen le plus rapide de se sentir mieux. À des fins d'*influence*, je pense qu'il est utile de le répéter : le moyen le plus rapide de faire en sorte que quelqu'un se sente bien dans sa peau est de lui sourire.

Combien de fois souriez-vous ? Combien de fois souriez-vous vraiment à quelqu'un et le faites-vous se sentir spécial ? Le sourire est le moyen le plus rapide de faire en sorte que quelqu'un se sente spécial. Dans quelle mesure êtes-vous doué pour cela ? Combien de fois souriez-vous librement ? À quelle fréquence éprouvez-vous de la joie ? Vivez-vous une vie de joie ou une vie d'obligations ? Qu'est-ce qui vous inciterait à sourire plus souvent ? Riez-vous souvent ?

Attribuez-vous une note entre 1 et 10 sur la fréquence à laquelle vous influencez les autres en souriant.

4. GRATITUDE

La gratitude est le moteur des trois premiers changements à opérer : posture, contact visuel, sourire. En d'autres termes, sans gratitude, les trois autres peuvent sembler forcés. Lors des conférences auxquelles je participe, j'aime que les participants s'amusent et exagèrent les trois premiers changements. Ils se promènent avec une posture exagérée, des yeux fous et des sourires édentés. Ils s'amusent, mais ce n'est évidemment pas ça. Cela n'influencera personne. La raison en est qu'ils viennent de l'extérieur vers l'intérieur au lieu de l'intérieur vers l'extérieur. Lorsque vous conduisez la gratitude de l'intérieur d'abord, les changements à l'extérieur se produisent très naturellement.

Passez-vous la majorité de votre temps à vous concentrer sur ce que vous avez, ou passez-vous la plupart du temps à vous concentrer sur les choses que vous n'avez pas ? Passez-vous suffisamment de temps à apprécier les choses que vous aimez, ou passez-vous trop de temps à penser aux choses qui vous manquent ? En fin de compte, passez-vous la majorité de votre temps à penser aux choses qui sont bonnes ou pas ?

Demain matin, quand vous vous réveillerez, je veux que vous remarquiez quelque chose sur vous-même. Lorsque vous vous réveillez le matin, je veux que vous remarquiez quelles sont les sept premières choses auxquelles vous pensez. Les mots les plus importants de tous sont ceux que vous vous dites à vous-même, à propos de vous-même, lorsque vous êtes seul. Quelles sont les sept premières choses que vous vous dites ?

Pour certaines personnes, les sept premières choses auxquelles elles pensent sont des choses comme : "Stupide réveil !" "Ma tête !" "Pourquoi ai-je bu autant hier soir ?" "Je dois arrêter de boire pendant la semaine". Ce n'est pas ma tête, c'est mon dos !". Puis ils se retournent et regardent leur partenaire couché dans le lit, encore endormi, gémissent et râlent dans leur souffle et se demandent ce qu'ils ont bien pu trouver en eux en se dirigeant vers la salle de bains. D'autres pensées leur viennent alors à l'esprit : "J'aimerais que nous vivions dans une autre maison". J'aimerais avoir assez d'argent pour rénover cette salle de bains. Je ne veux pas prendre le train ! Je ne veux pas prendre le bus ! J'aimerais avoir une meilleure voiture. Je ne veux pas me battre dans les embouteillages. Mon boulot est nul.

Les sept premières choses que *vous* dites le matin sont-elles négatives ou positives ?

Conseil

Pensez aux choses de votre vie pour lesquelles vous êtes reconnaissant et sur lesquelles vous pouvez vous concentrer pour commencer votre journée. Cela pourrait être :

Santé

Famille

Amis

Emploi

Opportunités

Expériences

Apprendre.

L'un de mes mots préférés est *trajectoire.* Je crois fermement que la gratitude détermine la trajectoire de votre journée. En d'autres termes, lorsque nous commençons la journée avec un sentiment de gratitude, il est beaucoup plus facile de prendre de l'élan pour réussir. Quelle a été la trajectoire de votre vie au cours des 12 derniers mois ? Est-elle en hausse ou en baisse ? Êtes-vous plus, ou moins, lié à votre travail qu'il y a 12 mois ? La trajectoire est-elle en hausse ou en baisse ? Votre corps est-il meilleur ou pire qu'il y a 12 mois ? La trajectoire de votre santé et de votre forme physique s'améliore-t-elle ou se dégrade-t-elle par rapport à ce qu'elle était il y a 12 mois ? Votre relation est-elle plus forte ou plus faible qu'il y a 12 mois ? Quelle est la trajectoire de votre vie dans ces domaines ? Est-elle en hausse ou en baisse ?

Conseil

La gratitude détermine la trajectoire. Remarquez la qualité de votre journée lorsque vous commencez la journée en étant reconnaissant. Si les mots les plus importants que vous prononcez dans la journée sont ceux que vous vous dites à propos de vous-même lorsque vous êtes seul, et que ces mots sont positifs, vous créez une trajectoire positive sur laquelle vous pouvez vous appuyer tout au long de la journée.

Remarquez ce qui se passe lorsque vous commencez la journée *sans* gratitude. Si vous vous êtes dit des choses négatives, votre journée commence par une trajectoire négative. Vous avez des pensées négatives. Cela vous amène à commencer à attirer des personnes et des événements négatifs. Il devient alors facile de commencer à attirer des réponses négatives de la part des gens.

Lorsque vous êtes reconnaissant, la qualité de votre journée s'améliore. La trajectoire s'améliore. Votre posture s'améliore et il devient plus facile de regarder les gens et de sourire.

Dans quelle mesure parvenez-vous à commencer chaque journée en partant d'un point de départ positif ? Attribuez-vous une note entre 1 et 10 à votre niveau de gratitude quotidien.

5. ENERGIE

L'énergie est la cinquième partie d'agir comme si - posture, contact visuel, sourire, gratitude, énergie - et je crois que c'est la plus importante. Je dis cela uniquement parce qu'il est pratiquement impossible de bien faire les quatre autres parties sans énergie en abondance.

Conseil

L'abondance est un grand mot. Nous vivons aujourd'hui dans une société d'abondance. Si vous voulez plus dans la vie, vous vivez dans un monde où vous pouvez l'obtenir ! Mais peu de gens ont été élevés pour comprendre l'abondance. On m'a enseigné la même chose qu'à vous probablement. Vous vous souvenez de ce dicton : un oiseau dans la main vaut mieux que deux dans le buisson... C'était le meilleur conseil qu'on pouvait vous donner en 1929 ! Aujourd'hui, nous vivons dans une société d'abondance. Nous vivons dans un monde d'abondance. Prenez l'oiseau dans la main, allez chercher les deux dans le buisson - et vous en aurez trois !

La réalité est que parmi toutes les personnes qui ont vraiment réussi et avec lesquelles j'ai eu le privilège de rencontrer et de travailler, je n'ai jamais rencontré une personne ayant vraiment réussi qui ne possédait pas cette qualité d'énergie en abondance. Ils ont de l'énergie et c'est contagieux. Ils ont pris la *décision de* posséder et de profiter d'une énergie illimitée.

Certains d'entre vous ont peut-être remarqué la dernière phrase : ils ont pris la décision d'avoir de l'énergie. La plupart des gens croient que leur niveau d'énergie les contrôle, alors que c'est l'inverse. Vous êtes totalement et complètement maître du niveau d'énergie que vous avez chaque jour.

L'énergie est une décision

Je veux que vous vous souveniez de cette déclaration. C'est l'une des clés absolues pour influencer les autres. Vous ne pouvez pas le faire sans énergie et . La bonne nouvelle est que vous pouvez avoir autant d'énergie que vous le souhaitez. Il vous suffit de décider d'en avoir plus. Elle est là pour vous en abondance.

Mais la plupart des gens sont *fatigués*. Si vous en doutez, vous pouvez aller voir la plupart des gens n'importe quel jour, leur demander comment ils se sentent et ils vous le diront. Souvent, la réponse est simple : "Oh, mec, je suis fatigué aujourd'hui". Demandez-leur pourquoi : Je ne sais pas. J'ai dormi 10 heures la nuit dernière. Je suis juste épuisé". Allez voir un jeune de 25 ans et demandez-lui : "Oui (bâillement). Je suis fatigué, c'est sûr. Demandez-lui pourquoi : "Je ne sais pas. Je suis jeune et j'ai toute la vie devant moi, mais je suis épuisé.

D'une certaine manière, la plupart des gens ont appris à dire ça. Je ne crois pas vraiment que la plupart de ces personnes soient fatiguées. Pour la plupart des gens, la fatigue est une question de déconnexion. Je crois que la plupart des gens sont fatigués lorsqu'ils sont déconnectés de leur vie, de leur travail et de leurs relations.

L'énergie est une décision. Parce que lorsque vous vous sentez connecté à votre vie, vous ne vous sentez pas fatigué. Vous avez de l'énergie ! L'énergie est l'une de ces choses que vous pouvez simplement prendre en plus grande quantité lorsque vous décidez d'être complètement connecté à votre vie. Vous pouvez décider que vous avez besoin de moins de sommeil. Vous pouvez décider que vous êtes une personne du matin. Vous pouvez décider que vous avez l'énergie de vous entraîner tous les jours.

Je vais vous le prouver. Je vais vous prouver que l'énergie est une décision. Imaginez un samedi après-midi - vous savez, ce samedi après-midi où vous êtes *si* fatigué. Vous pouvez à peine vous traîner jusqu'au canapé pour regarder la télévision et vous vous sentez tomber dans le canapé. Vous voulez regarder la télévision, mais votre main tendue ne peut atteindre la télécommande. Tant pis, dites-vous, je vais m'allonger ici".

Puis votre partenaire entre dans la pièce, il vient de faire un gâteau au chocolat. Il vous dit : "Chérie, veux-tu un morceau de gâteau au chocolat ?

Tu te lèves du canapé et tu dis avec insistance : "Oui, chérie, j'en veux bien un.

Vous avez trouvé de l'énergie. Vous avez pris la décision d'avoir de l'énergie. Le fait est que vous vous êtes connecté au gâteau au chocolat. Vous déciderez d'avoir plus d'énergie lorsque vous serez connecté à votre vie.

Prenez l'énergie. Elle est là pour vous. Vous ne pouvez tout simplement pas maximiser votre niveau de réussite et d'influence sans elle. L'énergie est une décision. Notez-le quelque part et rappelez-vous de rester connecté chaque jour. Dans quelle mesure êtes-vous plein d'une énergie abondante ? Donnez une note entre 1 et 10 à votre niveau d'énergie quotidien.

Exercice

Je veux vous mettre au défi d'examiner vos résultats dans chacun des cinq domaines d'agir comme si. Il est évident que vous serez naturellement meilleur dans certains domaines que dans d'autres. Cependant, je veux vous demander d'écrire la seule chose que vous pouvez faire instantanément pour changer un score qui nécessite le plus d'attention. L'avantage d'agir comme si, c'est qu'il suffit d'une décision pour que le changement soit instantané.

Agir comme si c'était un outil de gestion

Si vous occupez un poste de direction au travail, je voudrais que vous considériez le plus grand leader pour lequel vous avez travaillé. Qu'est-ce qui, chez cette personne, donnait envie aux gens de la suivre ? Quelles étaient les caractéristiques qui en faisaient un grand leader ? Je veux que vous considériez la façon dont ils abordaient leur posture, leur contact visuel, leur sourire, leur gratitude et leur niveau d'énergie. Que faisaient-ils pour inspirer les autres ?

La clé est de reconnaître ce que font les grands leaders, et d'agir comme si vous dirigiez de la même manière qu'eux.

Pensez à un manager ou à un patron que vous avez eu dans votre vie et qui était un terrible meneur d'hommes. Cette personne vous a peut-être rabaissé ou blessé dans le passé. C'était un manager qui vous enlevait votre pouvoir et vous n'appréciiez pas ses instructions ? Quelles étaient les caractéristiques de ce manager ? Réfléchissez à la façon dont cette personne abordait sa posture, son contact visuel, son sourire, sa gratitude et son niveau d'énergie. Quels étaient ses comportements qui démotivaient les autres ?

Une fois encore, vous pouvez utiliser cette observation pour vous assurer qu'il s'agit de qualités que vous ne voulez pas imiter. N'agissez pas comme si vous étiez cette personne. Ce qui est intéressant, cependant, c'est que très souvent, les managers adoptent les mêmes comportements que le patron qu'ils avaient lorsqu'ils ont débuté. Ce qui, soit dit en passant, peut être une chose terrible. Ils adopteront les mêmes comportements négatifs simplement parce qu'ils sont réactifs et que c'est ce qu'ils ont observé dans leur propre expérience.

Au contraire, agir comme si c'était prendre une décision consciente sur le type de manager que vous voulez être. Considérez tous les comportements que vous avez observés et agissez comme si vous étiez le leader qui inspire les autres.

Exercice

Il est également important de comprendre les comportements que vous attendez de votre équipe. Un excellent exercice à réaliser avec votre équipe consiste à déterminer les caractéristiques d'une personne qui réussit dans votre domaine. Par exemple, si vous êtes directeur commercial, une activité formidable lors d'une conférence consiste à identifier les 10 caractéristiques affichées par les meilleurs vendeurs de l'entreprise ou du secteur. L'idée est que chaque vendeur doit identifier les caractéristiques qu'il doit améliorer afin de se comporter comme s'il était un vendeur de haut niveau.

Ensuite, demandez à l'équipe de vente de réduire ce nombre de caractéristiques aux cinq plus importantes. Identifiez les cinq éléments non négociables que tout le monde s'accorde à dire qu'un excellent vendeur doit posséder pour changer ou créer une meilleure culture d'équipe et obtenir de meilleurs résultats.

Par exemple, l'équipe décide qu'elle doit créer une culture d'énergie et d'urgence accrues dans ce qu'elle fait, et décide donc que la ponctualité est une caractéristique non négociable. Elle décide donc que la rapidité est une caractéristique non négociable. L'équipe convient que, si elle doit agir comme s'il s'agissait de vendeurs de haut niveau, elle sera à l'heure à chaque réunion cette année.

Peut-être décident-ils d'imposer une amende chaque fois que quelqu'un est en retard et que l'argent est versé au fonds de la fête de Noël. En fin de compte, c'est l'équipe qui doit décider des caractéristiques d'agir comme si, afin que tout le monde y adhère. La plupart du temps, il est préférable d'obtenir ces éléments non négociables de l'équipe elle-même. Ils savent généralement ce qu'ils doivent faire.

Résumé du chapitre 4

Quelle est la culture de votre organisation actuelle ? Comment se porte actuellement votre équipe en termes de posture, de contact visuel, de sourires, de gratitude et de niveau d'énergie ? Où aimeriez-vous voir cette culture évoluer ? Quels sont les domaines sur lesquels l'équipe a le plus besoin de travailler ?

Je dis toujours qu'il y a deux types de bureaux dans lesquels je rentre. Le premier type de bureau dans lequel je rentre, je me dis "Wow, je pourrais tout à fait travailler ici". Il y a de la vitalité et de l'énergie. On peut vraiment dire que les gens qui travaillent ici sont à l'écoute.

L'autre type de bureau est très différent. J'y entre et je peux sentir la déconnexion tranquille qui imprègne l'air vicié. J'ai envie d'aller voir la réceptionniste et de lui demander : "À quelle heure est l'exposition du corps ? Comment sont-ils passés ?

Votre bureau ressemble-t-il à un phare de lumière et d'énergie ou plutôt à une morgue ? Maintenant que vous vous êtes donné un score dans chacune de ces cinq catégories d'agir comme si, je veux que vous encercliez les un, deux, trois, quatre ou cinq changements qui nécessitent une attention *immédiate*. Dans ces cinq domaines, vous pouvez faire des changements en un instant et vous commencerez instantanément le processus d'agir comme si vous étiez la personne que vous voulez devenir.

N'oubliez pas que les mots les plus importants sont ceux que vous vous dites à vous-même. Au cours de votre journée, demandez-vous : "Le langage corporel que j'affiche en ce moment est-il *utile* ? Si je voulais être la personne que je veux être, est-ce que c'est le langage corporel que j'utiliserais ?

Agir comme si. Ce sont trois grands mots pour ancrer votre succès.

Questions rapides

Qu'est-ce que cela signifie d'agir comme si ?

Quels sont les cinq changements simples qui changent la façon dont vous êtes perçu ?

Serait-il utile d'imprimer une liste de ces quarts ou de les avoir comme écran de veille ?

Dans lequel de ces domaines êtes-vous naturellement bon ?

Lequel de ces domaines nécessite le plus de travail de votre part ?

Comment pouvez-vous appliquer le concept d'agir comme si dans votre entreprise et votre vie ?

Vos situations les plus intimes sont votre meilleur moyen d'influencer inconsciemment les autres.

CHAPITRE 5

Numéro d'outil 5 : FOR, ORF, ROF

Je ne vante pas cet outil en disant qu'il s'agit du meilleur outil de communication authentique *qui soit* ! La raison en est que je crois qu'il s'agit de la pierre angulaire de l'établissement de relations. Et si nous reconnaissons tous que le paysage commercial moderne dans lequel nous vivons est basé sur la technologie, c'est l'établissement de relations qui, dans de nombreux cas, vous distinguera de la concurrence.

Il est également important de souligner que cet outil d'influence particulier est la pierre angulaire de l'établissement de relations dans quatre domaines clés des affaires et de la vie :

conversation (small talk)

ventes

gestion

la gestion des clients.

Laissez-moi vous poser une question : vous êtes-vous déjà retrouvé dans une situation où, lors d'une soirée, vous avez entamé une petite conversation qui ne se passait pas très bien. Vous vous êtes retrouvé à la recherche d'un sujet de conversation et, après avoir cherché dans votre tête, vous avez choisi des sujets de conversation captivants comme la météo. Tout le monde a eu ces conversations désagréables. Mais avec l'outil numéro 5 à votre disposition, cette conversation gênante ne se reproduira plus jamais !

Il s'agit également d'un outil fantastique pour aider les vendeurs à recueillir les informations essentielles sur les clients qu'ils doivent influencer. Il s'agit de découvrir des informations précieuses sur vos clients et sur ce qui est le plus important pour eux. En termes de gestion de la clientèle, ce sont les informations qui vous permettent de construire des relations à long terme avec vos clients et de les fidéliser. Il s'agit de l'outil qui vous fournira les informations nécessaires pour démontrer le soin que vous portez aux clients de votre entreprise et les transformer en fans enthousiastes.

Du point de vue de l'entreprise, il s'agit également d'un outil permettant aux managers de comprendre ce qui est le plus important pour leurs employés. C'est un outil qui permettra d'augmenter les niveaux de rétention dans les organisations et d'accroître l'engagement du personnel. Les employés veulent travailler pour des managers qui s'intéressent à eux en tant que personnes.

Les questions FOR permettent de découvrir ce qui est le plus important pour les gens dans leur vie. Tout simplement, il propose une série de questions, selon le contexte, dont les gens veulent discuter parce que ce sont les choses qui comptent le plus pour eux.

F comme famille.

O signifie "occupation".

R veut dire relax.

Le pouvoir de F-O-R

Je veux commencer par le pouvoir de la conversation et la façon dont vous ne serez plus jamais pris dans une conversation gênante lorsque vous serez armé de cet outil. Pour le démontrer, je veux que vous imaginiez que vous êtes dans un cadre familial. Imaginons que vous êtes à un barbecue familial et que vous êtes maintenant en position de parler avec des personnes que vous ne connaissez pas. La plupart des gens rencontrent quelqu'un de nouveau et oublient son nom dans les deux secondes qui suivent et ont du mal à savoir comment contrôler ou diriger la conversation. Cela ne se reproduira plus jamais une fois que vous serez un maître du FOR !

Les questions F

Bon, vous êtes dans un contexte familial, vous allez donc commencer par poser une question F (familiale). Posez ces questions en utilisant le nom de la personne aussi souvent que possible afin de cimenter le nom dans votre tête. Les questions F peuvent inclure :

Hé, ravi de te rencontrer X. Lequel de ces enfants qui courent partout est le tien ?

Fantastique ! Combien d'enfants avez-vous ?

C'est génial. Vous êtes tous les deux de Melbourne ?

Oh, oui, X. Depuis combien de temps êtes-vous ensemble ?

Super, X. Où habitez-vous ?

Très bien, X, c'est une belle banlieue. Où les enfants vont-ils à l'école ?

Wow. Félicitations X. Quelle grande famille.

Remarquez qu'avec chaque question F, vous faites suivre leur réponse d'une réponse positive. Nice, fantastique, génial, ouais, formidable, et wow sont tous rendus plus puissants si vous hochez la tête pour les soutenir. Tous ces mots rassureront l'autre partie que ses réponses étaient appropriées. Il est très important de noter ici qu'il est essentiel de vraiment écouter. Ne vous précipitez pas d'une question à l'autre. Au contraire, s'il est bon de faire des observations sur leurs réponses, faites attention à ne pas commencer à leur parler de *vous*.

Rappelez-vous que la plupart des gens dans une conversation sont totalement concentrés sur eux-mêmes. Ils aiment entendre que d'autres personnes approuvent le moi public qu'ils ont apporté à cette fête. Ce qui m'amène au point le plus important : ce sont des questions qui *les* concernent. Ne décidez pas que c'est le bon moment pour leur reprendre la scène et commencer à leur parler. Continuez à poser des questions et à faire de simples observations, à moins que l'on ne vous demande vraiment de développer quelque chose que vous avez dit. Si on vous le demande, reliez votre discussion aux points communs et trouvez une occasion de leur renvoyer la question. Une fois que vous avez épuisé les questions F, vous êtes maintenant prêt à passer à O.

Les questions O

Le O signifie "occupation". C'est là que vous découvrez ce qu'ils font comme travail. Vous voulez savoir comment ils ont pu se retrouver dans leur rôle actuel et où ils aimeraient aller avec leur travail actuel. Les questions O peuvent révéler, par exemple, qu'ils ont leur propre entreprise. Dans ce cas, voici quelques questions O à utiliser :

Alors, X, que fais-tu comme travail ?

C'est génial que vous dirigiez votre propre entreprise. C'est aussi un secteur en pleine croissance, n'est-ce pas ?

Aimez-vous être votre propre patron ?

C'est génial, X. Quel est le plus grand défi de votre entreprise ?

Tu es manifestement très motivé, X. Quel est le plan pour les deux prochaines années ?

Vous cherchez à développer l'entreprise et à rester dans le secteur à long terme ?

De la même manière, les questions O peuvent révéler que la personne travaille dans un environnement d'entreprise pour une grande organisation. S'ils travaillent pour une entreprise, les questions O peuvent inclure :

Alors, X, quel travail faites-vous ?

C'est génial. C'est une bonne entreprise, X. Que faites-vous pour eux ? Quel est ton rôle là-bas ?

Wow. Comment se porte votre entreprise dans le climat économique actuel, X ?

C'est bien pour vous. Vous vous voyez rester dans cette organisation à long terme ?

Les questions peuvent même révéler qu'elles ne fonctionnent pas pour le moment. Les questions O sont toujours de l'*or*. En voici un exemple :

Alors, X, quel travail faites-vous ?

Très bien, X. Que cherchez-vous à faire ?

C'est génial. J'ai entendu de très bonnes choses sur cette industrie. Que faisais-tu avant, X ?

Fantastique. On dirait que tu as un super plan, X.

Il est évident que les questions O pourraient se concentrer sur le bénévolat, les activités caritatives, ainsi que sur les joies et les défis d'élever des enfants à plein temps. Indépendamment de quelle voie la personne emprunte, je veux partager avec vous un peu d'or dans la transition entre les questions O et les questions R. C'est l'un des moyens les plus rapides d'établir un rapport dans cette conversation. C'est l'un des moyens les plus rapides d'établir un rapport dans cette conversation. Cela ressemble à ceci : "Wow - on dirait que vous êtes très occupé !

Tout le monde aime qu'on lui dise qu'il a l'air *très* occupé ! C'est parce que dans notre société, nous assimilons le fait d'être occupé à la réussite. Tout le monde aime s'entendre dire qu'il est occupé. Cela permet aux gens de se sentir importants et efficaces.

Je le fais avec les PDG et je les interroge sur leur organisation. Lorsque nous discutons des défis et des décisions critiques qui doivent être prises, je m'assure de répondre par : "C'est un moment critique, X. Vous êtes évidemment très occupé avec toutes les décisions que vous devez prendre.

Ils l'adorent !

Mais oui, disent-ils en gonflant leur poitrine de fierté. "C'est une période incroyablement chargée.

Je le fais avec les vendeurs et je les interroge sur leur organisation. Lorsqu'ils passent en revue tous les rendez-vous et appels qu'ils font, je m'assure qu'ils sont validés.

Wow, Max ! Tu es à fond ! On dirait que tu es incroyablement occupé !

Encore une fois, ils sont très excités et répondent, rayonnants de fierté.

Je n'ai jamais été aussi occupé.

Ils sont si heureux d'être reconnus pour leur activité.

Encore une fois, vous pouvez aussi faire courir FOR avec des chômeurs. Récemment, j'ai demandé à quelqu'un ce qu'il faisait et il m'a répondu qu'il était entre deux opportunités. Il a poursuivi en me disant qu'il était très occupé à participer à des petits-déjeuners de réseautage, à rencontrer des sociétés de recrutement et à prendre un café avec différents contacts. Je lui ai dit : "Mec, on dirait que tu es occupé ! Tu te donnes vraiment à fond dans cette affaire, X. On dirait que tu y vas à fond. Tu as besoin d'une pause. Que fais-tu pour te détendre ?

Il a sauté sur l'occasion : "Je suis en pleine discussion, mon pote. Je suis tellement occupé. C'est aussi bien que j'aie continué à jouer au golf !

Les questions R

Les questions R sont conçues pour ouvrir la conversation sur ce qu'ils aiment faire pendant leur temps libre. Les questions R peuvent inclure :

Vous avez l'air occupé. Qu'est-ce que tu aimes faire pour te détendre, X ?

C'est incroyable, X. Qu'est-ce que tu aimes à ce sujet ?

Vraiment ? C'est fantastique, X. Je me suis toujours posé la question.

C'est génial. Comment tu trouves le temps de le faire, X ?

Bravo, X. Vous y allez souvent ?

Dans un contexte familial, je vais vous poser des questions dans cet ordre précis. F-O-R - Je vais vous demander POUR. En fait, avant d'entrer dans ce contexte familial, je vais me tenir devant la maison et me répéter : POUR ! POUR ! POUR ! Mais je trouve que c'est mieux si vous le dites intérieurement plutôt qu'extérieurement !

Ce sont des questions de découverte qui créent un rapport. Ne vous laissez pas entraîner à vous vendre en débitant vos *propres* informations POUR, mais demandez-leur plutôt quelles sont *leurs* informations POUR. Notez leur réponse.

Par où commencer avec FOR

Il y a quelques années, on m'a demandé d'être l'invité d'une station de radio qui organisait un événement de speed dating. L'idée était de réunir des femmes célibataires et des hommes de métier (plombiers, électriciens, constructeurs, paysagistes), et de leur donner l'occasion d'avoir une brève conversation pour voir s'ils voulaient sortir ensemble. La promotion s'appelait Tradies for Ladies.

Ils m'ont fait venir avec l'idée que je pourrais aider les tradis à communiquer à un niveau plus élevé pour augmenter les chances que les femmes soient attirées par eux. Ce que nous avons appris très rapidement, bien sûr, c'est que ce que les femmes aiment chez les tradis *n'*a absolument *rien* à voir avec leurs compétences en communication ! Au contraire, cela a tout à voir avec leurs abdominaux déchirés et leur ceinture à outils !

Bref, je parlais à la radio et je présentais l'outil du FOR. J'expliquais qu'il s'agissait d'un outil de conversation qui pouvait guider les questions que les commerçants posaient aux femmes, de sorte qu'ils n'avaient plus à réfléchir à la question à poser ensuite. L'animateur radio a alors soulevé un point important. De toute évidence, les tradipraticiens ne veulent pas commencer par poser des questions de type "F". Ils ouvrent la conversation en posant des questions sur la famille de la dame. Il ne serait pas approprié d'essayer de draguer quelqu'un et de discuter ouvertement de la famille de cette personne, qu'ils ne connaissent pas.

C'était un bon point. Si vous êtes un homme qui essaie de draguer quelqu'un, je ne vous recommande pas de commencer par demander : "Alors, comment va votre *mère* ?" C'est tout simplement faux.

Au lieu de cela, nous devons changer la question F. Elle passe de la famille aux amis. Les questions pourraient inclure :

Alors, X, avec qui es-tu venu ici ce soir ?

Vous êtes colocataires, X ?

Vous avez grandi ensemble ?

Depuis combien de temps vous vous connaissez, X ?

Et la conversation continue.

Dans un contexte familial ou amical, l'outil des questions FOR vous guidera droit au but et vous ne devrez plus jamais vous débattre.

Le pouvoir de O-R-F

Et si le scénario n'a pas de contexte familial ou amical ? Dans quel ordre posez-vous alors les questions ? Dans quel ordre les posez-vous s'il s'agit d'un contexte professionnel, si vous rencontrez un client pour la première fois et que vous souhaitez établir une relation avec lui ?

C'est très simple. L'ordre change en ORF. Vous allez les ORF.

Vous entamez la conversation dans un cadre professionnel et vous posez des questions sur leur organisation. Celles-ci peuvent inclure :

Parlez-moi un peu de votre organisation, X.

X, quels sont les plus grands défis auxquels l'équipe de vente est confrontée en ce moment ?

Comment font-ils actuellement face à ces défis, X ?

Selon vous, quel est l'avenir de votre secteur ?

Alors, X, comment allez-vous devoir vous adapter à ces changements ?

Vous continuerez à poser les questions O jusqu'à ce que vous ayez l'impression de comprendre leur organisation et leur rôle au sein de celle-ci. C'est alors que vous pourrez passer aux questions R.

Wow, X, tu as l'air occupé ! Qu'est-ce que tu aimes faire pour t'évader ?

Que faites-vous pour vous détendre, X ?

Après une discussion sur les voyages, le golf, le yoga, le football, la natation ou la course à pied, la transition suivante consiste à revenir aux questions F. Il peut s'agir à nouveau de la famille ou des amis, selon le contexte. Il peut s'agir, une fois encore, de la famille ou des amis, selon le contexte.

S'il existe des preuves qu'ils ont une famille, vous pouvez poursuivre l'interrogatoire de la famille :

Je vois une bague à ton doigt, X. Tu es marié ? Fantastique. Vous avez des enfants ?

C'est génial, X ! C'est une photo de vos enfants ? (Dans un bureau.)

Fantastique. Quel âge ont-ils maintenant, X ?

S'il n'y a pas de preuve familiale, la voie des amis peut être la plus appropriée et les questions peuvent inclure :

Vous avez mentionné précédemment que vous êtes au conseil d'administration, X. Connaissez-vous Steve Y ?

Wow, X ! Le monde est petit. Je connais Steve depuis des années. Comment l'avez-vous rencontré ?

Vous connaissez peut-être aussi Amanda. J'ai travaillé avec elle dans mon précédent rôle.

Vous vous efforcez maintenant de vous connecter à un niveau plus personnel (famille ou amis) et d'acquérir un niveau de relation plus profond. Il est possible, cependant, qu'avec le questionnement ORF, le F soit inapproprié. Vous serez en mesure de le mesurer. Avec de nombreux clients, il peut s'écouler des mois avant qu'il ne soit approprié de poser les questions F et de s'y engager.

Le pouvoir du R-O-F

Que faites-vous si le contexte de la conversation n'est pas la famille, les amis ou la profession ? Dans quel ordre les mettez-vous s'il s'agit d'un contexte détendu ? Par exemple, dans quel ordre les mettez-vous si vous êtes dans un club de football, un club de tennis ou un club nautique ? L'ordre deviendra alors ROF !

Vous pourriez commencer par poser toutes sortes de questions sur ce qu'ils pensent de l'équipe de football, du club de tennis ou du club nautique, car c'est le cadre de ces conversations. Pour passer des questions R aux questions O, il suffit de dire : "Au fait, X, que faites-vous dans la vie ?".

Les questions O seraient une fois de plus suivies de cette grande affirmation de la réussite perçue : "Wow, X ! On dirait que tu es très occupé". Cela mènerait aux questions F si c'est approprié. ROF !

Conseil

N'oubliez pas que la clé du succès de tout ceci est l'écoute active. Il ne s'agit pas d'un entretien d'embauche. Il s'agit plutôt de s'intéresser sincèrement à la vie d'une autre personne et à ce qui est vraiment important pour elle. Cet outil est conçu pour vous donner un sujet de conversation. Avec l'écoute active, vérifiez que vous agissez comme si vous étiez un grand auditeur. Il est important de revenir sur les changements clés de l'expression "agir comme si" :

la posture (assurez-vous que vous êtes face à eux et que votre langage corporel est intéressé et répond à ce qu'ils disent)

contact visuel (soyez présent et concentré - sans yeux fous !)

sourire

gratitude (l'état d'esprit est d'être reconnaissant qu'ils se sentent suffisamment à l'aise avec vous pour s'ouvrir et partager ces informations avec vous)

l'énergie (c'est essentiel - assurez-vous que vous écoutez et que vous êtes intéressé sans que vos yeux se voilent pendant que vous vous demandez qui est en train de gagner le match de football !)

Vous n'aurez plus jamais à lutter ! L'époque des conversations gênantes est révolue pour toujours ! Tout cela grâce au pouvoir du FOR-ing, ORF-ing et ROF-ing ! Selon le contexte et le lieu de la conversation, il est facile de poser les questions dans l'ordre des sujets qui intéressent le plus les gens. Une fois de plus, ne vous laissez pas entraîner à parler aux gens de votre FOR. Posez-leur des questions sur leur vie. Après tout, le sujet de discussion préféré de la plupart des gens est eux-mêmes.

FOR comme outil de leadership

La plupart des employés veulent être inspirés. Ils attendent de leurs dirigeants qu'ils créent un environnement de travail passionnant dont ils peuvent être fiers. En général, les gens veulent savoir que leur leader s'intéresse sincèrement à leur vie.

Conseil

Les gens ne se soucient pas de ce que vous savez tant qu'ils ne savent pas à quel point vous vous souciez d'eux.

Avez-vous déjà travaillé dans un endroit où personne ne vous connaissait vraiment ? Avez-vous déjà travaillé dans un endroit où le contraire était vrai ? Avez-vous déjà travaillé dans un endroit où le dirigeant s'intéressait vraiment à vos informations FOR ?

LISTE DE CONTRÔLE POUR UN LEADER

Pouvez-vous répondre aux questions suivantes sur toutes les personnes que vous êtes censé inspirer chaque jour ?

Les informations F sur chaque personne dont vous êtes responsable :

Leur nom ainsi que le nom de leur partenaire, mari ou femme.

Les noms de leurs enfants.

Leurs animaux de compagnie (si possible ou unique).

Les écoles que fréquentent les enfants.

Il est évident qu'ils travaillent avec vous, mais savez-vous ceci à propos de l'O :

Les fonctions qu'ils exercent au sein de votre organisation.

Les défis auxquels ils peuvent être confrontés.

Les opportunités qui s'offrent à eux.

Le travail de leur partenaire, mari ou femme.

Les informations R du point de vue du leadership comprennent :

Qu'aiment-ils faire pendant leur temps libre ?

Où aiment-ils passer leurs vacances ? Existe-t-il une maison de vacances, etc.

Quelle équipe de football suivent-ils ? Y a-t-il un autre sport qu'ils regardent ou pratiquent ?

Quelles autres activités ou passe-temps apprécient-ils ?

FOR comme base de données

Une autre utilisation vraiment importante de l'outil FOR est qu'il s'agit d'un formidable moyen de suivre les informations sur les clients dans votre base de données. Pour les managers comme pour les vendeurs, laissez-moi vous poser une question : combien d'informations FOR avez-vous réellement sur chaque client ? Connaissez-vous les détails de leur famille ? Une fois encore, les informations F dans la base de données devraient inclure :

Leur nom ainsi que le nom de leur partenaire, mari ou femme.

Les noms de leurs enfants.

Leurs animaux de compagnie (si possible ou unique).

Les écoles que fréquentent les enfants.

Les informations O dans la base de données devraient inclure :

Leur organisation, ainsi que celle de leur partenaire, mari ou femme.

Les emplois qu'ils occupent au sein de cette organisation.

Les défis auxquels ils peuvent être confrontés.

Les opportunités qui s'offrent à eux.

Les informations R dans la base de données devraient inclure :

Ce qu'ils aiment faire pendant leur temps libre ?

Où aiment-ils passer leurs vacances ? Existe-t-il une maison de vacances, etc.

Quelle équipe de football suivent-ils ? Y a-t-il un autre sport qu'ils regardent ou pratiquent ?

Quelles autres activités ou passe-temps apprécient-ils ?

Imaginez le pouvoir de décrocher le téléphone et de parler à un client auquel vous n'avez pas parlé depuis 12 mois et de pouvoir accéder à ses informations FOR. Vous n'aurez plus jamais à vous battre pour vous souvenir des détails ! Ne vous efforcez pas de vous souvenir - enregistrez les informations FOR dans la base de données et vous connaîtrez les noms des enfants et l'équipe de football préférée du client pour toujours.

Résumé du chapitre 5

J'ai récemment pris la parole lors d'une conférence et le directeur général d'une organisation s'est levé. Dès que la diapositive FOR est apparue à l'écran, il s'est levé et a dit : " Chris, puis-je vous interrompre ? ". Il y avait 350 personnes dans la salle, mais comme il est le patron, j'ai bien sûr accepté. Il a ensuite annoncé à toute sa force de vente qu'il m'avait vu présenter l'idée du FOR lors d'une conférence à Fidji et qu'il considérait qu'il s'agissait du meilleur outil de communication qu'il ait jamais rencontré. Il m'a expliqué qu'il l'utilisait tous les jours et que cela avait fait une différence phénoménale dans ses conversations d'affaires fructueuses.

FOR est un excellent outil de conversation. Pensez à tous les domaines différents dans lesquels vous pourriez FOR, ORF ou ROF dans une petite conversation. Vous n'aurez plus jamais à vous battre !

Mettez-vous au défi si vous êtes dans la vente et le leadership. Connaissez-vous les informations FOR de vos clients ? Connaissez-vous les informations FOR de vos employés et des personnes qui travaillent dans votre organisation ? Connaissez-vous les informations FOR de votre équipe ?

Enfin, FOR est un outil fantastique pour gérer des informations sur les clients qui permettront d'établir des relations dans le temps. Avez-vous gagné leur confiance ? Lorsque quelqu'un partage son FOR avec vous, prenez le temps de l'écouter, de vous concentrer et de comprendre exactement ce qui est important pour lui.

Questions rapides

Dans quel contexte utiliseriez-vous chacun des termes FOR, ORF et ROF dans une conversation ?

Comment pouvez-vous utiliser FOR en tant que vendeur pour développer des relations ?

Comment pouvez-vous utiliser FOR en tant que leader ?

Comment utiliseriez-vous FOR dans le développement d'une base de données ?

Comment FOR pourrait-il améliorer l'énergie et la politique dans un bureau ?

Comment allez-vous appliquer l'outil du FOR à votre entreprise et à votre vie ?

En construisant, dans de nombreux cas, à partir de la concurrence.

CHAPITRE 6
Outil numéro 6 : positif, positif, positif - négatif

Le prochain outil d'influence que je veux partager avec vous est mon *préféré.* Je l'appelle le meilleur outil de persuasion. C'est un outil qui incite d'autres personnes à s'engager à agir en vue d'un résultat souhaité. C'est un outil linguistique qui fonctionne sur la base du principe plaisir-douleur, selon lequel tout ce que vous faites dans votre vie a une ou deux raisons :

pour prendre du plaisir

pour éviter la douleur - ou les conséquences négatives.

C'est assez étonnant lorsque l'on commence à travailler sur cet outil. Chaque chose que vous faites chaque jour a l'une de ces deux raisons. Certaines personnes vont au travail parce que cela leur procure un réel plaisir, tandis que d'autres s'y rendent simplement pour payer le loyer. Certaines personnes aiment faire de l'exercice. Elles se réveillent le matin et vont courir, ce qui fait monter les endorphines, et elles reviennent pleines d'énergie et excitées pour la journée. Pour de nombreuses autres personnes, la seule raison pour laquelle elles vont à la salle de sport est d'éviter de grossir. Ils s'y rendent pour essayer d'éviter d'avoir un ventre de bière ou une taille de robe qui augmente.

J'ai de la chance. J'aime ce que je fais pour gagner ma vie. Monter sur scène et être capable d'enseigner aux gens la communication et l'influence me donne une charge. Récemment, il y a eu un tirage au sort de 100 millions de dollars au loto. Bien sûr, il est toujours amusant de discuter de ce que vous feriez avec 100 millions de dollars, et il y a eu beaucoup de conversations légères dans les bureaux du pays ce jour-là. Les gens rêvaient de quitter leur emploi pour toujours et de ne plus jamais travailler.

Même si j'avais gagné cet argent, je ferais toujours ce que je fais. Je continuerais à me lever tous les jours, à prendre la parole lors de conférences et à travailler avec des équipes de vente pour améliorer leur capacité à influencer les autres. Au fond de moi, cela me procure de la joie de faire ce que je fais.

Je mets toujours les spectateurs au défi de savoir s'ils vivent une vie de joie ou une vie d'obligations. Il s'agit d'une distinction intéressante. Quelles sont les choses dans votre vie qui vous procurent un sentiment de joie lorsque vous les faites ? Certaines personnes travaillent toute la journée et, lorsqu'il est temps de quitter le bureau, elles rentrent chez elles avec enthousiasme, dans l'attente de voir leur famille. Pour d'autres, la seule raison pour laquelle ils rentrent chez eux est qu'ils n'ont nulle part où aller !

C'est une excellente activité que de passer du temps à identifier les choses de votre emploi du temps qui vous procurent réellement un sentiment de plaisir. Mais quelles sont les activités quotidiennes que vous faites simplement pour éviter les conséquences négatives ou les obligations ? Je n'ai pas de plaisir à payer des impôts, mais je préfère cela à la prison.

Certaines personnes sont des gourmands. Elles adorent la nourriture. Elles aiment cuisiner, manger dans des restaurants coûteux et parler de nourriture. Elles prennent un plaisir fou à manger. D'autres mangent parce qu'ils ont faim. Elles n'ont pas nécessairement hâte de manger. Ils le font simplement pour éviter d'avoir faim.

Lors des conférences, je demande souvent aux hommes mariés de lever la main. Je choisis un de ces hommes et lui demande si je peux lui poser une question personnelle. Ils acceptent toujours à contrecœur et je pose alors la question suivante : "Quand avez-vous acheté des fleurs à votre femme pour la dernière fois ?". Il y a toujours un murmure de rire et de soulagement de la part des autres hommes mariés présents dans la pièce. Parfois, ils répondent : "La semaine dernière". Tout le monde se joint à l'unisson pour un grand 'Aw!'. Parfois, ils disent : "Mon pote, je ne me souviens pas. Ça fait des années. Quoi qu'il en soit, il n'y a que deux raisons pour lesquelles les hommes achètent des fleurs à leur femme. Soit ils cherchent à *se faire plaisir*, soit ils sont tout simplement à court de points et essaient d'éviter d'autres problèmes en se sortant du pétrin !

Sachant que les gens agissent dans leur vie pour ces deux raisons - douleur ou plaisir - comment pouvez-vous utiliser cela à votre avantage ? Dans le domaine de la vente, il n'y a que deux raisons pour qu'un client achète votre produit. Soit il lui apporte une solution (plaisir), soit il comble un vide et l'aide à éviter d'autres problèmes (douleur). Les gens ne vous achèteront pas si votre produit ou service n'apporte rien à leur vie ou ne les aide pas à éviter une situation indésirable imminente.

Introduire positif, positif, positif - négatif

Il en va de même pour l'influence. L'outil que je veux partager avec vous est un outil linguistique qui peut être utilisé dans des conversations dans de nombreux contextes différents. Je l'utilise chaque fois que je m'adresse à un public. Cet outil s'appelle positif, positif, positif - négatif. La première partie de l'outil renforce trois messages positifs (gain de plaisir) que l'autre personne ou l'auditoire souhaite en fonction de la dynamique qu'il a enclenchée. La deuxième partie est un appel à l'action qui crée de la négativité s'ils ne parviennent pas à tirer parti de ce qui se trouve devant eux.

Cet outil est incroyablement puissant car il permet de créer un élan dans les domaines qui sont importants pour eux, puis menace de le supprimer. Permettez-moi de vous donner quelques exemples pour que cela prenne vie pour vous.

Imaginez un scénario dans lequel vous êtes un entraîneur personnel et travaillez avec un client qui a perdu beaucoup de poids sous votre supervision. Soudain, vous remarquez qu'il montre des signes de comportement qui suggèrent qu'il pourrait retomber dans certains des anciens pièges. Le positif, le positif, le positif - le négatif est un outil d'influence parfait à utiliser pour les ramener dans le droit chemin. Cela se passe un peu comme ceci :

Positif - Vous avez travaillé incroyablement dur pour changer l'apparence de votre corps.

Positif - Vous avez amélioré votre forme physique et vous menez une vie plus saine qu'à n'importe quel autre moment depuis votre enfance.

Positif - Le plus important, c'est que vous avez changé la façon dont vous vous percevez lorsque vous vous regardez dans le miroir. Vous avez été très fier de ce que vous avez vu.

Il s'agit de trois messages qui puisent dans l'identité de la personne que vous essayez d'influencer. Ce sont les résultats souhaités pour cette personne. Il est ensuite temps d'enfoncer le clou en utilisant les belles paroles "Ce *serait dommage...*". Ce sont les mots qui permettront d'éviter une conséquence indésirable et de réorienter le comportement de la personne.

Négatif - Parce que ce qui serait une honte, X, ce qui serait une terrible honte serait que tu reprennes ce poids et que tu te sentes à nouveau comme ce qui t'a causé tout ce malheur.

Je sais", diront-ils, "je dois m'assurer de respecter le programme".

Comme je l'ai dit, c'est un outil que j'utilise tout le temps lorsque je m'exprime lors de conférences. Imaginez que j'intervienne lors d'une conférence pour une organisation de vente en difficulté dans le climat économique actuel. Elle vend un produit dépassé et utilise un processus de vente largement inefficace. À la fin de mon exposé, dans lequel j'ai partagé des outils de vente et d'influence pour qu'ils réussissent, il est temps de laisser tomber le positif, positif, positif - négatif.

Positif - Il s'agit d'une organisation qui a reconnu les défis du passé en matière de produits et qui a lancé un nouveau produit qui donnera à chacun dans cette salle la possibilité de battre ses objectifs cette année.

Positif - Il s'agit d'une organisation qui a changé son processus de vente inefficace en un processus convivial qui permettra aux vendeurs présents dans cette salle de se concentrer sur ce qui est le plus important : obtenir des résultats !

Positif - En plus de cela, j'ai passé la dernière heure à partager avec vous des outils d'influence sur mesure qui vous aideront à réussir.

Maintenant, je laisse tomber le marteau :

Négatif - Parce que ce qui serait une honte, ce qui serait une honte absolue, c'est que les gens dans cette salle ne profitent pas de chaque opportunité qui se présente à eux, et que vous ayez une autre année comme celle que vous venez de passer.

Vous pouvez entendre des vendeurs regarder leurs voisins et dire : "Non ! Je ne ferai pas une autre année comme celle-ci. Cette année va être bonne ! L'outil a créé un effet de levier pour qu'ils passent à l'action !

CHAMPIONNAT DU MONDE DE LUTTE

Vous remarquerez que j'ai utilisé l'expression "laisser tomber le marteau". Laissez-moi vous expliquer un peu. J'appelle le langage négatif "drop the hammer" parce que je veux qu'il soit absolument clair que ce langage n'est pas négatif et méchant, mais plutôt négatif dans le sens où il vise à créer une action vers ce qu'ils veulent et ce dont ils ont besoin. Le fait de laisser tomber le marteau est vraiment un moyen amusant d'ancrer le message.

Lorsque je présente ce sujet lors de conférences, j'imite les sons du *World Championship Wrestling* de ma jeunesse. Je saute d'une chaise et fais semblant de sauter de la corde supérieure d'un ring de lutte. Lorsque je saute de la chaise et que je fais semblant de lâcher le marteau (coude) sur mes adversaires, je fais le bruit "Wha-poom !".

C'est divertissant, si ce n'est plus.

Peut-être vous souvenez-vous aussi de votre enfance et de la *World Championship Wrestling*, où le lutteur faisait tomber le coude sur son adversaire. Wha-poom ! Eh bien, vous laissez tomber le marteau dans la conversation. Vous incitez à l'*action*. Vous exploitez à la fois les éléments de plaisir et d'évitement de la douleur ou des conséquences négatives. Vous faites cela pour *aider* la personne *à* agir en fonction de ce qu'elle veut ou de ce dont elle a besoin. En termes simples, vous l'influencez.

Permettez-moi de vous donner d'autres exemples.

EXEMPLE 1 : VENDEUR IMMOBILIER PARLANT À UN ACHETEUR

L'acheteur a trouvé la maison de ses rêves mais hésite à faire une offre.

Positif - Vous avez cherché sur le marché pendant 12 mois et vous avez enfin trouvé la maison qui a tout ce que vous voulez.

Positif - Cette maison possède les cinq chambres, le terrain, la piscine et le coin barbecue que vous recherchiez.

Positif - Même si le prix est un peu élevé, il reste dans votre fourchette de prix.

Négatif - J'ai la maison ouverte pour l'inspection samedi. Vous avez une opportunité aujourd'hui. *Ce qui serait dommage*, ce qui serait vraiment dommage, c'est que vous ne la saisissiez pas ce soir et que vous vous retrouviez en concurrence avec un nouvel acheteur samedi. Faisons ce truc. Faisons-le !

Whaaaa-poom !

EXEMPLE 2 : UN VENDEUR D'ASSURANCE-VIE DISCUTE AVEC UN CLIENT POTENTIEL

J'ai reçu une ovation lors d'une conférence sur l'assurance vie à laquelle j'ai participé après avoir enseigné cet outil - ils l'ont adoré !

Positif - Tout d'abord, je tiens à vous féliciter pour votre magnifique maison. Vous avez manifestement travaillé dur pour vous créer cette vie.

Positif - Je tiens également à vous féliciter pour votre situation financière. Vous vous êtes mis dans une position très forte.

Positif - Mais surtout, je suis heureux que vous ayez pris les mesures nécessaires pour protéger tout ce pour quoi vous avez travaillé si dur en nous appelant.

Négatif - Parce que je ne veux pas être celui qui en parle - cependant, c'est mon travail. Si quelque chose devait arriver, Dieu nous en préserve, si quelque chose devait arriver - *ce qui serait dommage*, c'est de ne pas être protégé et de perdre tout ce que vous avez mis toutes ces années à construire.

Whaaaa-poom !

EXEMPLE 3 : L'ENFANT NE NETTOIE PAS SA CHAMBRE

Positif - Fils, tu as invité tes amis au parc.

Positif - Je sais que vous avez hâte de les voir.

Positif - Le plan est de nourrir les canards et d'acheter des glaces.

Négatif - Ce qui serait dommage, c'est que, si tu ne nettoies pas ta chambre comme je te l'ai demandé, je doive appeler et dire que nous ne pouvons pas y aller.

Whaaaa-poom !

Cet outil est *excellent* pour créer de l'action. Le négatif crée une conséquence indésirable dans le futur, ce qui motive une alliance avec les messages positifs. Il est vraiment important que je souligne que le message négatif ne doit pas être insultant. Il n'est pas destiné à blesser qui que ce soit.

Au lieu de cela, ce *qui serait une honte,* c'est simplement d'inciter l'individu ou le groupe à prendre conscience que l'inaction entraînera un résultat négatif. Je ne veux pas que vous pensiez que cela soit mesquin ou manipulateur. Il ne s'agit pas de cela. Elle est conçue pour créer une action et soutenir le résultat souhaité.

Laissez-moi vous donner quelques autres exemples. Les entraîneurs de football peuvent utiliser cet outil en permanence. Imaginez un scénario dans lequel l'équipe a joué une excellente première mi-temps. L'entraîneur doit intervenir à la mi-temps et lancer un appel à l'action. Cela pourrait ressembler à ceci : Messieurs, c'était une première mi-temps exceptionnelle ! Nous avons été agressifs, nous avons respecté le plan de jeu, nous avons contrôlé le ballon et nous avons joué avec plus d'intensité qu'eux ! Maintenant, messieurs, je veux que vous écoutiez très attentivement. *Ce qui serait une honte*, je veux dire ce qui serait une terrible honte, c'est que vous laissiez ces gars revenir dans ce match ! Puis partez ! Ne dites rien d'autre ! Vous verrez l'équipe se rassembler, "C'est ça les gars", ils vont crier. "C'est notre heure ! Le coach a raison. On ne peut pas les laisser revenir dans ce match. Nous devons maintenir l'intensité ! Ils vont se sauter dessus et partir en trombe pour la seconde mi-temps.

Vous avez peut-être lu ce qui précède et vous vous êtes dit : "Chris, il y a plus de trois points positifs dans l'exemple ci-dessus. C'est normal ? Bien sûr ! Vous pouvez utiliser deux positifs ou six ! Tout dépend de ce que vous essayez de construire avant de menacer de tout faire disparaître.

En tant qu'outil de gestion

Si vous êtes un meneur d'hommes, c'est l'un des outils de leadership les plus puissants que vous puissiez posséder. Les managers ont souvent peur de complimenter leurs employés, car ils craignent que la flatterie n'entraîne une baisse des performances. Cet outil est de l'*or* pour les managers. Vous pouvez l'utiliser pour complimenter un employé tout en le maintenant dans la bonne direction.

Imaginez un scénario dans lequel Skippy est le nouveau vendeur de l'entreprise et, après quatre mois de travail, le jeune Skippy réalise le meilleur mois de sa carrière. Le directeur des ventes sort de la réunion mensuelle dans la salle de réunion où les patrons viennent de passer en revue les chiffres du mois et où Skippy a surpris tout le monde avec un très bon mois si tôt dans sa carrière. Le patron voit Skippy travailler à son bureau, s'approche de lui et fait quelque chose qui va faire dérailler sa trajectoire positive. Il *complimente* Skippy sans utiliser la formule "*ce qui serait une honte"*. Cela ressemble à quelque chose comme ça : "Hé, Skippy, je viens de sortir de la réunion mensuelle. Je voulais venir et te féliciter personnellement [positif]. J'ai parcouru les chiffres et tu as eu ton meilleur mois [positif]. De plus, je sais que vous n'êtes ici que depuis quatre mois, mais j'ai vraiment remarqué que vous semblez très bien vous intégrer ici [positif]. Bon début !

Puis le manager s'en va !

Le directeur des ventes bien intentionné a laissé tout ce renforcement positif en plan. Que va faire Skippy ? Est-ce que Skippy va travailler plus dur ? C'est très peu probable. Skippy va faire comme la plupart des employés et *lever le* pied de l'accélérateur. Comme Skippy a l'impression d'être en avance sur les points, vous verrez probablement une baisse de ses performances de vente parce que Skippy s'est installé dans une zone de confort. C'est la faute du directeur des ventes qui n'a pas su motiver en lâchant le marteau.

Voilà comment ça aurait dû se passer. Le début est le même : "Hey Skippy, je sors de la réunion mensuelle. Je voulais venir ici pour te féliciter [positif]. J'ai parcouru les chiffres et tu as eu ton meilleur mois [positif]. De plus, je sais que vous n'êtes ici que depuis quatre mois, mais j'ai vraiment remarqué que vous semblez bien vous intégrer à vos collègues [positif]. Nous avons eu beaucoup de personnes qui ont eu de bons débuts ici dans cette entreprise. Vous avez beaucoup de potentiel. *Ce qui serait dommage,* Skippy, c'est de ne pas continuer à t'améliorer et de ne pas afficher des chiffres encore plus élevés le mois prochain [négatif].

Whaaaa-poom !

Souriez, acquiescez et partez ! Skippy n'a pas d'autre choix que de s'améliorer ! En laissant tomber le marteau, nous avons créé un effet de levier pour que Skippy continue à travailler dur. La raison pour laquelle il agira ainsi est la combinaison du plaisir et de l'évitement des conséquences négatives. La douleur et le plaisir sont les deux motivations qui poussent les gens à agir, et cet outil les exploite toutes les deux.

LANCER LE MARTEAU PAR E-MAIL

Si le début de ce livre s'est concentré sur le fait que le courrier électronique peut bloquer le processus d'approbation d'une proposition en amenant les autres à se cacher derrière le mur électronique, il est également important de comprendre que l'outil positif, positif, positif - négatif est également *grand* dans les courriers électroniques que nous envoyons.

Imaginez un scénario dans lequel j'ai besoin d'informations pour une réunion le vendredi après-midi. L'e-mail pourrait ressembler à ceci : Merci de m'avoir consacré du temps lundi. J'aime toujours rattraper le temps perdu et réfléchir aux prochaines étapes. J'aimerais avoir le temps de me préparer pour vendredi. Ce serait formidable si je pouvais obtenir toutes les informations d'ici demain. Ce qui serait dommage, c'est que nous ne soyons pas aussi bien préparés que nous devrions l'être pour vendredi après-midi. Merci encore !

Résumé du chapitre 6

Profitez de la puissance de cet outil. Le fait que vous lisiez ce livre me dit que vous êtes le type de personne qui va essayer. Cela me dit aussi que vous êtes le type de personne qui veut s'améliorer et s'efforce de s'améliorer continuellement. Il est clair que vous êtes une personne qui veut améliorer ses capacités d'influence. Félicitations pour cela ! Car ce *qui serait dommage,* c'est que vous ne mettiez pas cet outil en place et que vous ne passiez pas à l'action avec vos clients et vos employés.

Voyez comme c'est facile !

Questions rapides

Quels sont les domaines de votre vie dans lesquels vous êtes motivé par le plaisir que vous procure l'activité ? Dans quels domaines êtes-vous motivé par l'évitement des conséquences négatives ?

Votre vie est-elle principalement motivée par la joie ou par l'obligation ?

Pourquoi les mots *what would be a shame* suscitent-ils un engagement à *agir* de la part de votre interlocuteur ?

Pouvez-vous imaginer trois scénarios différents dans votre vie dans lesquels vous pourriez utiliser le positif, le positif, le positif - le négatif.

CHAPITRE 7

Outil numéro 7 : les couleurs

Avez-vous déjà remarqué l'extrême différence entre les niveaux d'intensité des différents types de personnes ?

Par exemple, certaines personnes ont un niveau d'intensité très élevé et d'autres un niveau d'intensité beaucoup plus faible. L'outil numéro 7 consiste à lire les traits de personnalité dont les gens font preuve, et à faire correspondre ce niveau d'intensité à travers différents comportements de personnalité. Les gens sont attirés par les personnes qui leur ressemblent. Cette partie du livre donne donc un aperçu de ce qui motive les différentes personnes de votre vie.

Pour utiliser cette partie du livre, pensez aux clients avec lesquels vous travaillez actuellement et essayez de les faire correspondre aux différents profils de personnalité décrits ici. Lorsque j'ai fait beaucoup de coaching commercial au début de ma carrière, je découvrais inévitablement que les vendeurs avaient du succès avec des personnes qui leur ressemblaient. En d'autres termes, lorsque les produits étaient fondamentalement les mêmes, les clients disaient oui lorsqu'ils partageaient un moteur de personnalité similaire à celui du vendeur. Dans le même temps, les affaires étaient plus souvent manquées lorsqu'un client présentait un moteur de personnalité différent.

De toute évidence, les vendeurs ne parvenaient pas à s'adapter. Ils ne parvenaient pas à adapter leur intensité et leur personnalité à celles du client. Pensez donc à vos clients pendant que nous examinons les quatre différents profils de personnalité.

Il est également important de comprendre que, à différents moments, nous sommes tous les quatre de ces types de personnalité. Ce que je vous demande de remarquer chez les gens, c'est ce qui les motive *la plupart du temps* dans les décisions qu'ils prennent. La plupart des gens s'entendent bien avec certaines personnalités. Il s'agit de personnes qui ont un comportement similaire ou complémentaire. La plupart des gens ont aussi ce que j'appelle une personnalité de défi avec laquelle ils trouvent frustrant d'avoir affaire. Ce sont les personnes qui ont un modèle de comportement qui est en contraste avec leur propre approche. Gardez un œil sur les personnes avec lesquelles vous pensez vous entendre le mieux, ainsi que sur les personnes avec lesquelles vous trouvez frustrant de traiter.

Personnalité rouge

Le premier profil de personnalité est celui de la personnalité rouge. Ces personnes sont motivées par les résultats et sont axées sur le pouvoir et le contrôle. Elles possèdent une qualité que j'appelle l'intensité du regard, car elles tirent souvent des lasers de leurs yeux. Ces personnes sont très orientées vers l'avenir et veulent savoir si vous êtes avec elles et si vous faites partie de leur plan d'ensemble.

La personnalité rouge sur la ligne de temps

Les personnalités rouges sont tournées vers l'avenir car elles s'intéressent aux résultats à venir. Les autres types de personnalité planifient différemment dans le temps. Certains se concentrent sur le présent tandis que d'autres passent beaucoup de temps dans le passé. Les Rouges jouent dans le futur.

Si je dois vendre quelque chose à un Rouge, je vais jouer dans le futur. Je vais me concentrer sur les questions du coucher du soleil et aider les Reds à atteindre le résultat qu'ils visent.

Il est étonnant de voir les différents types de personnalité interagir. Par exemple, vous avez peut-être eu un parent rouge, et des gens viennent me voir et me disent : "Oui, Chris, mon père était rouge, et il m'a fallu 20 ans pour trouver le courage de confronter mon père rouge à ce qu'il a fait. Il m'a fallu tout ce temps pour parler avec lui de ce qui s'est passé dans le passé. Bien sûr, la réponse du parent rouge est simple. "Mon fils, tu te moques de moi ? Tu t'accroches à ça depuis 20 ans ? Oublie ça ! Je sais que tu t'accroches à des choses, mais bon sang, passe à autre chose !".

Souvent, les Rouges ne s'en souviennent même pas. Ce n'est pas l'endroit où ils jouent. Ils ne jouent pas dans le passé. Ils sont concentrés sur l'avenir.

Ce qui m'amène à dire que, si votre patron est Rouge, je ne vous recommande pas d'entrer dans son bureau et de lui dire : "Patron, je sais que je suis censé être au téléphone en train de créer de nouvelles affaires - c'est juste que - eh bien - le fait est que je me sens vraiment *vulnérable* aujourd'hui. Je me sens émotive et je pense que j'ai besoin d'un câlin".

Je ne le recommande absolument pas !

Les Rouges sont souvent pressés. Ils veulent obtenir le résultat rapidement, et peuvent donc être très impulsifs dans leurs prises de décision. Cela rend les Rouges faciles à vendre en termes de décisions rapides. Je ris toujours lorsqu'un vendeur se présente avec la proposition de 20 pages que la société lui a donnée. Dites-moi, est-ce que le Red va la lire un jour ? Jamais. Ils veulent un résumé d'une page avec des puces.

Conseil

Si vous travaillez pour une personnalité rouge et qu'un problème survient au bureau, elle sera ravie que vous essayiez de le résoudre. N'entrez pas dans le bureau en disant : "Il y a un problème - avez-vous le temps de le résoudre ?". Au contraire, entrez dans leur bureau et dites : "Il y a eu un problème et voici ce que j'ai décidé de faire pour le résoudre. Je voulais simplement vous en informer. Ils seront ravis que vous ayez pris l'initiative et vous donneront probablement quelques idées sur la façon de mieux gérer le problème la prochaine fois.

J'adore l'email de Red. Vous envoyez un courriel au Rouge pour coordonner un rendez-vous pour la semaine prochaine et vous dites : " J'ai hâte de vous rencontrer pour notre rendez-vous de 16 heures mardi prochain ". Le Rouge vous répond par e-mail et vous dit : "16 heures, c'est bien CH".

Ils n'utilisent pas de ponctuation ni de phrases complètes, et ils n'écrivent pas leur nom. Ils n'utilisent que des initiales : 16 heures, c'est bien CH - c'est tout ! Bien sûr, si vous recevez un e-mail rouge, vous pouvez vous dire : "Hmm - c'était assez abrupt. J'espère que je n'ai pas fait ou dit quelque chose qui les a offensés. Je devrais peut-être les *appeler* pour m'assurer que tout va bien". Ne les appelez pas ! Renvoyez-le de la même manière qu'il est arrivé : "A plus tard, AB".

J'ai reçu un e-mail rouge qui était une confirmation d'une réunion l'autre jour. Cette personne est tellement rouge qu'elle est hors norme, et sa réponse a été un simple courriel d'un mot qui disait : "Bien".

J'en ai renvoyé un. Ma réponse en un mot a été : "Bien".

La personnalité rouge est liée à l'intensité, aux résultats, au contrôle, au pouvoir et à l'*avenir.* Qui connaissez-vous dans votre bureau qui est rouge ? Est-ce une couleur avec laquelle vous vous entendez bien ? Avez-vous de la facilité à leur vendre ou est-ce une couleur difficile pour vous ?

LES CARACTÉRISTIQUES DE LA PERSONNALITÉ ROUGE

Entraîné par la puissance.

Axé sur l'avenir, sans se soucier du passé.

Axé sur les résultats.

Il envoie des courriels abrupts.

Se concentre sur le résultat final.

Prise de décision rapide - allez droit au but !

Ils veulent des résumés par points.

Personnalité jaune

Les Jaunes sont les personnes les plus impulsives de la planète. Ils sont motivés par le plaisir ! Elles veulent que tout soit excitant. Elles veulent que tout soit rempli d'énergie ! Ce sont des personnes très visuelles, qui aiment regarder les choses avant de prendre une décision. Elles veulent regarder l'image. Et comme une image vaut mille mots, vous allez en avoir mille ! Les Jaunes aiment parler.

Il est facile de faire la différence entre les Rouges et les Jaunes. Si vous vous approchez d'un Rouge et lui dites : "Hé, ce costume te va bien aujourd'hui", le Rouge vous regardera et vous répondra : "Qu'est-ce que tu veux, bordel ?".

Si vous vous approchez d'un Jaune et que vous lui dites : "Hé, ce costume te va bien aujourd'hui", le Jaune sera excité et vous répondra : "Merci, c'est en fait une histoire très drôle sur la façon dont j'ai acheté ce costume". Vous aurez droit à la version *longue* de l'histoire !

Conseil

Les Jaunes sont les personnes les plus faciles à manipuler... pardon, à influencer. Ce sont les personnes les plus faciles à influencer car il suffit de faire trois choses : les aimer, les féliciter et leur faciliter la tâche. Ce sont des personnes d'affirmation. Ils veulent du feedback. Elles aiment l'approbation. Elles veulent qu'on leur dise qu'elles se débrouillent bien.

Les jaunes ont tendance à être enthousiastes, charismatiques et optimistes. Ces personnes sont les acheteurs impulsifs par excellence et, si l'article leur convient, elles l'achètent immédiatement. Ce sont les personnes à qui il est le plus facile de vendre à court terme, mais les plus difficiles à garder comme clients à long terme, car elles ont tendance à être inconstantes et à suivre leur humeur du moment.

Dans le domaine de la vente, ces personnes sont aussi les clients qui peuvent vraiment vous briser le cœur. Souvent, lorsqu'ils vous rencontrent, vous trouvez que les choses se sont si bien passées que vous êtes convaincu que tout ira de l'avant. Vous êtes sûr qu'ils vont acheter chez vous. En fait, lorsque vous remontez dans la voiture, vous êtes tenté d'écrire la vente dans votre carnet parce que vous êtes tellement convaincu qu'elle va se réaliser. Puis, le lendemain, lorsque vous les appelez pour confirmer le tout, ils ont décidé d'aller voir ailleurs. Vous n'arrivez pas à le croire ! Vous vous entendiez si bien. Qu'est-ce qui n'a pas marché ?

Le problème est qu'ils ont vu un autre vendeur après vous et qu'ils se sont encore mieux entendus avec lui. Ces personnes peuvent facilement prendre la décision d'aller avec la *dernière* personne qu'elles ont rencontrée, à condition qu'elles l'aient appréciée.

Pour influencer le Jaune, rendez votre produit amusant et facile. Enlevez toute difficulté. Si vous remettez à ces personnes une proposition de 20 pages, elles ne la liront pas non plus. Montrez-leur les graphiques, les brochures, les photos, les images et enlevez-leur tout risque. Et surtout, ne les ennuyez pas. Faites en sorte que vos présentations soient vivantes pour ces personnes.

J'adore l'email jaune. Il se lit comme ça : 'Hey Chris ! - J'ai été ravi de te voir hier ! J'ai hâte de me retrouver la semaine prochaine à quatre heures ! !! Continue à faire du bon travail ! Amuse-toi bien à la fête de samedi ! Ça devrait être génial ! !! Santé, Mary☺ xxoo'.

Il est rempli de points d'exclamation, de smileys et en bas, il y a des trucs qui explosent et qui font "Boom ! Boom ! Boom !

Avec le courriel jaune, répondez de la même manière qu'il est arrivé. Remarquez leur réaction lorsque vous leur renvoyez l'e-mail avec les points d'exclamation et les smileys. Ils vont adorer !

La personnalité jaune est synonyme de plaisir, d'énergie, de décisions impulsives et de vie dans l'*instant !* Qui connaissez-vous au bureau qui est jaune ? Est-ce une couleur avec laquelle vous vous entendez bien ? Avez-vous de la facilité à leur vendre ou est-ce une couleur difficile pour vous ?

CARACTÉRISTIQUES DE LA PERSONNALITÉ JAUNE

Vivre dans le bon moment !

Le plus impulsif.

Le plaisir est au rendez-vous.

Des e-mails joyeux et colorés avec des visages souriants.

Prendre rapidement des décisions liées à la connexion.

Ils veulent des éléments visuels - images, graphiques et vidéos.

Ils veulent avoir affaire à des personnes qui leur ressemblent.

Personnalité Aqua

Le troisième type de personnalité est ce que j'appelle la personnalité Aqua. Je les appelle aqua parce qu'elles sont comme l'eau, elles suivent le courant. Ce sont les personnalités les plus pacifiques, même si je ne veux pas dire qu'elles sont assises autour d'un feu de camp à chanter *Kumbaya* et à fumer le calumet de la paix ! Il s'agit en fait de la non-confrontation. Elles évitent la confrontation à tout prix. Ce sont les personnes les plus gentilles de la planète.

Là où le rouge est comme le feu et le jaune est brillant, l'aqua est comme l'eau qui sculpte une rivière. Ce sont les personnes les plus stables. Alors que les rouges et les jaunes peuvent avoir d'énormes hauts et bas, les Aqua sont stables. Ils aiment maintenir la paix. Ils n'aiment pas dire du mal de quelqu'un d'autre et ils n'aiment pas faire des commérages sur les autres. Alors que pour les Jaunes, les ragots sont un sport !

Un groupe en Australie qui est très Aqua est ce que nous appelons le "solide comme elle va" Aussie bloke. Ils disent : "Elle va s'en sortir, mon pote. "Pas d'inquiétude. "Pas de drame." "Tout va bien. Ce sont les hommes les plus gentils qui valorisent la camaraderie, la loyauté et la confiance par-dessus tout.

L'Aqua s'entend avec à peu près tout le monde. Ils sont généralement indépendants, adaptables, apolitiques et savent écouter. Ils suivent le courant et ont tendance à avoir une voix plus douce et un humour sec. Ils veulent pouvoir s'entendre avec toutes les autres personnalités et sont les plus susceptibles d'être des caméléons - de tous les types de personnalité décrits ici, ils sont les plus susceptibles de pouvoir changer de couleur pour s'adapter à l'environnement qui les entoure.

Il s'agit d'une distinction essentielle, car leur nature adaptable ne doit pas être confondue avec une faiblesse. L'Aqua a tendance à être meilleur à s'adapter à la personnalité des autres que les trois autres personnalités et à maintenir la paix. Par exemple, un Rouge peut avoir du mal à gérer les vulnérabilités ou la faiblesse perçue d'un collègue. Un Jaune peut avoir plus de mal à écouter ou à travailler sur les détails d'un projet. D'autres personnalités peuvent avoir du mal à se laisser aller et à suivre le courant lorsque cela est nécessaire. Mais l'Aqua est la personne qui s'adapte le plus facilement à toute situation.

Lorsque vous vendez votre message à l'Aqua, vous devez reconnaître qu'il tiendra ses cartes beaucoup plus près de sa poitrine que les autres personnalités. Ils feront également tout pour éviter la confrontation car ils ne veulent pas vous blesser et avoir une conversation inconfortable. Par conséquent, pour éviter de vous dire que vous n'avez pas obtenu le poste, ils peuvent vous mettre à l'écart et ne pas vous rappeler parce qu'ils ne veulent pas vous dire "non".

Conseil

Les Verseaux ne réagissent pas à la pression et ne prendront généralement pas une décision favorable et ne suivront pas votre idée à moins qu'ils ne se sentent totalement à l'aise avec ce qui leur est présenté. La pire chose que vous puissiez faire est de mettre un Aqua mal à l'aise en le mettant dans l'obligation de prendre une décision.

Prenez note des types de mots qu'ils utilisent. Prenez votre temps pour qu'ils se sentent à l'aise en votre présence. Une fois que ces personnes se sentent à l'aise avec vous, elles sont extrêmement fidèles. Traitez-les bien et ils deviendront des clients à vie.

L'e-mail Aqua utilise des mots et des expressions comme sentir, s'adapter, être flexible, avoir plus de temps pour prendre une décision, être à l'aise pour avancer ou être mal à l'aise pour prendre une décision rapide. Ils ont généralement une apparence professionnelle, mais peuvent avoir un ton plus doux. Leur humour sera plus sec et ils resteront généralement apolitiques et non conflictuels.

Qui connaissez-vous au bureau qui est Aqua ? Est-ce une couleur avec laquelle vous vous entendez bien ? Avez-vous de la facilité à leur vendre ou est-ce une couleur difficile pour vous ?

CARACTÉRISTIQUES DE LA PERSONNALITÉ AQUA

Non-confrontationnel ; voix souvent plus douce.

Les plus adaptables et acceptant les autres.

Ne prenez pas de décisions rapides et gardez vos cartes à portée de main.

N'apprécient généralement pas les niveaux élevés de pression.

Accordez une grande importance à la confiance.

Extrêmement fidèle.

Souvent, ils ne rappellent pas si la réponse est négative.

Personnalité bleue

La quatrième personnalité est la personnalité bleue. Ces personnes sont guidées par la perfection et les processus. Elles ont tendance à avoir une approche très systématique de ce qu'elles font et réussissent dans le monde de l'entreprise parce qu'elles ont des attentes élevées envers elles-mêmes et envers les autres, car elles ne supportent pas les erreurs. Elles veulent du poli et du professionnalisme, et ont tendance à vouloir s'améliorer.

Dans le domaine de la vente, votre organisation a probablement élaboré des propositions et des rapports pour faciliter le processus de vente. Une proposition peut compter des centaines de pages selon l'organisation. Ces propositions et rapports représentent un travail considérable. Les clients ne les liront jamais. Ils veulent un document d'une page avec des puces. Les Jaunes ne les liront jamais : ils veulent des images et des graphiques. Les Aquas ne les liront probablement pas, car ils sont occupés à déterminer s'ils sont à l'aise avec vous et s'ils vous font confiance.

Conseil

Les Bleus sont les seules personnes qui vont lire votre proposition. À l'extrême, ce sont les personnes qui vont également la corriger et vous la rendre avec les fautes d'orthographe entourées à l'encre rouge ! Pour les Bleus, il y a une bonne et une mauvaise façon de faire les choses. Veillez à ce que la proposition soit irréprochable !

Il est étonnant de voir comment les Bleus jouent dans la ligne du temps. Rappelez-vous, les Rouges se concentrent presque exclusivement sur ce qu'ils vont faire dans le futur. Les Jaunes se concentrent sur la connexion avec le moment présent. Les Aquas filtrent les informations en termes de confiance et de loyauté, qui proviennent généralement d'événements passés.

Tout d'abord, ils consultent le passé et recherchent ce qui a fonctionné et ce qui n'a pas fonctionné. Une fois cela fait, ils évaluent leur situation actuelle et ce qui se passe autour d'eux. Ensuite, en se basant sur le fait que nous tirons des informations et des enseignements du passé, et que la culture est prête à changer dans le présent, ils font des plans pour l'avenir et décident de ce qu'ils veulent réaliser. Laissez-moi vous expliquer.

Imaginez que j'aie rendez-vous avec le département des ressources humaines de l'une des principales banques australiennes pour discuter de la formation à la vente pour leur organisation. Il y a fort à parier que le département RH sera bleu. Par conséquent, ce n'est pas une décision intelligente que d'adopter mes deux couleurs principales (rouge et jaune) et de dire quelque chose comme : "Hé les gars, laissez-moi vous parler un peu de mon programme. C'est éducatif, mais aussi divertissant. C'est un petit truc que j'aime appeler Edutainment, Baby !".

Cela ne va pas passer avec les Bleus. Soyez clair. Au lieu de cela, mon approche consiste à leur faire parcourir toute la ligne du temps. Commencez par le passé, abordez ensuite la situation actuelle, puis allez de l'avant en fixant des objectifs mesurables. Je pourrais dire quelque chose comme ceci :

La vente est un processus, et ce n'est qu'en reconnaissant et en comprenant ce processus que vous serez en mesure d'aller de l'avant. Nous devons être absolument clairs sur les programmes que vous avez menés dans le passé. Qu'est-ce qui a fonctionné ? Qu'est-ce qui n'a pas fonctionné ?

Une fois que nous avons fait cela, nous devons aborder la situation actuelle. Quels sont les défis auxquels vos vendeurs sont confrontés en ce moment ? Une fois que nous aurons établi ces informations, nous pourrons commencer à fixer des objectifs clairs et mesurables pour l'avenir.

C'est mon travail de m'adapter aux personnes que je veux influencer.

C'est mon travail de m'adapter au département des RH. Pourquoi est-ce que je veux faire cela ? Je veux que le client se sente à l'aise avec le processus. Prenez note de vos clients. Remarquez les personnes avec lesquelles vous traitez au quotidien. Où se situent-ils dans leur calendrier pour prendre des décisions ?

J'aime l'email bleu. C'est le plus formel des e-mails :

Chris, suite à notre conversation, j'ai mis en évidence les huit sujets que j'aimerais aborder lors de notre réunion de la semaine prochaine. Vous trouverez également ci-joint un profil de l'entreprise, ainsi que des indications sur la carte pour trouver nos bureaux. J'ai hâte de vous rencontrer mardi à 16 heures. Si vous avez des difficultés, n'hésitez pas à contacter mon bureau.

Amitiés, Mary

Si Mary est particulièrement de bonne humeur ce jour-là, la fin de l'e-mail bleu sera libellée comme suit : "Kind Regards, Mary".

Un participant à l'un de mes séminaires s'est écrié : "Chris, est-ce un outil d'évaluation de la personnalité précis à 100 % ?".

Non, j'ai souri. Mais je vous remercie de partager votre personnalité avec nous tous.

CARACTÉRISTIQUES DE LA PERSONNALITÉ BLEUE

Animé par le processus et la perfection.

Approche systématique de la réussite.

Des attentes élevées envers eux-mêmes et les autres.

Jouez dans toute la chronologie, du passé au futur en passant par le présent.

Vous voulez des résultats, des objectifs et une stratégie clairs.

Il faut pouvoir mesurer les résultats.

Vous voulez du poli et du professionnalisme.

Application des couleurs

Il est essentiel de comprendre quels types de personnes prennent des décisions rapides pour agir et lesquels passent par un processus important pour prendre une décision. Certains hommes impulsifs rentreraient chez eux ce soir et déclareraient à leur épouse bleue : "C'est ça ! On y va ! Fais les valises. Demain, nous partons en vacances ! On part à Hawaii ! J'ai réservé les billets ! Les hommes penseraient qu'elles sont impulsives sur le plan romantique.

Le fait est qu'ils lui ont enlevé une grande partie du plaisir des vacances. Pour elle, 50 % du plaisir consiste à *planifier les* vacances ! Dans quel hôtel allons-nous séjourner ? Où allons-nous faire du snorkeling ? Où allons-nous manger ? Pour la personnalité bleue, c'est la moitié du plaisir !

LE POUVOIR DE L'ADAPTATION

Je veux vous raconter une petite histoire sur mon comptable. Quand je dis le mot comptable, de quelle couleur est mon comptable ? Quelle couleur vous vient à l'esprit ? Le bleu. Il n'y a pas de comptables jaunes. Il n'y a pas de comptable qui se lève d'un bond et s'exclame à son client : "Chris, j'ai décidé de faire quelque chose d'un peu différent cette année avec ta déclaration d'impôts. . J'ai décidé cette année d'en faire un livre pop-up !

Cela n'arrive pas.

Mon comptable est également agent de joueurs de la Ligue australienne de football, un peu comme le Jerry Maguire de l'AFL. Chaque expérience que j'ai eue avec lui au travail a été une expérience assez bleue. En général, quelqu'un se rendait à la réception où j'attendais patiemment et me disait : "Peter est prêt à vous recevoir". À ce moment-là, je rassemblais mes affaires et je repartais pour mon expérience de comptable bleu.

Il y a quelques années, Peter m'a dit que certaines affaires lui manquaient. Il se rendait dans la brousse, dans les villes rurales, pour essayer de recruter de jeunes joueurs à gérer. Il allait chez eux et s'asseyait avec les parents et il a dit qu'il manquait des affaires parce qu'il était trop analytique. C'est trop bleu dans ma langue.

J'ai invité Peter à venir voir les séminaires que j'organisais sur les types de personnalité. Il est venu à quatre d'entre eux. Pourquoi quatre ? Parce qu'il est bleu !

La fois suivante où je suis allé le voir dans son bureau, Peter lui-même est sorti pour m'accueillir.

Bonjour, dit-il avec un sourire électrique. "Comment allez-vous ?

J'ai dit : "Bien, Peter. Content de te voir.

Il m'a dit : "Venez dans mon bureau". Les gars de Red Bull étaient juste dans le bureau pour les athlètes. Voulez-vous une caisse de Red Bull ? J'ai accepté et il m'a tendu une caisse de boissons. Tiens, je viens d'avoir des mini-football d'un des clubs. Prends quelques-uns de ces ballons pour les enfants.

Merci Peter, ai-je dit, tout excité. "C'est génial.

Puis il m'a amené dans son bureau. C'est là qu'il m'a eu. Se rappelant que j'ai une bonne dose de Jaune, il a joué sur mon désir d'approbation. Tu as l'air très bien en ce moment. Tu as perdu du poids ? Tu as l'air en pleine forme.

Merci Peter, je me suis allumé. En fait, mon pote, je crois que j'ai pris un peu de poids ces derniers temps. J'ai un peu voyagé... Bref, Peter, tu as l'air *vraiment* bien. Je ne t'ai jamais vu aussi heureux. Tu as du ressort dans tes pas et tu as l'air en forme ! Tu as l'air totalement heureux !

Peter a répondu : " Non, mec, ça me tue ! J'essaie juste de faire ce que tu m'as appris !

Ça a marché. Il m'a eu. Il m'a eu à "Bonjour".

Résumé du chapitre 7

Tout le monde est différent. Nos enfants sont différents. Nos partenaires sont différents. Nos patrons sont différents. Nos clients sont différents. Nous vendons tous en permanence. Dans quelle mesure parvenez-vous à influencer les gens dans tous les aspects de votre vie ?

La capacité d'influencer dépend de notre capacité à changer de position de perception. La plupart des gens se promènent en première position toute la journée. Ils se concentrent sur ce qui se passe pour eux. Comment cela les affecte-t-il ? Qu'en est-il d'eux ? Vous êtes peut-être marié à cette personne. Ce sont les personnes qui rentrent dans la maison à la fin de la journée et qui disent : "Chéri, laisse-moi te raconter ma journée. Et quand j'aurai fini de te raconter *ma* journée, je te demanderai ce que tu en as pensé.

Ils sont en *première* position. Je vais vous mettre au défi de passer en *seconde* position. Changez de position de perception et réalisez ce qui se passe pour les personnes les plus importantes de votre vie.

La personnalité rouge est axée sur les résultats et le contrôle. Elle pense en termes d'avenir et veut que ses informations soient présentées sous forme de "points" qui l'aident à obtenir des résultats. La personnalité jaune est synonyme de plaisir et de vie dans l'instant. Elle est incroyablement visuelle, alors assurez-vous que les informations que vous présentez sont colorées et passionnantes. La personnalité Aqua est synonyme de loyauté et de confiance. Elle est non conflictuelle, alors assurez-vous que les informations que vous lui présentez sont faciles à comprendre et à absorber. Les Aqua vivent davantage dans le passé, alors comprenez qu'ils sont moins susceptibles de vouloir changer. Enfin, la personnalité bleue est synonyme de processus et de perfection. Elle vit dans le temps et doit donc s'assurer que les informations que vous lui présentez sont logiques.

Il est très amusant de déterminer les couleurs des différentes personnes de votre vie. Appréciez le processus qui consiste à lire le client et à comprendre ce qui l'anime vraiment.

Questions rapides

Quelles sont les caractéristiques des personnalités rouge, jaune, aqua et bleue ?

Dans quelle partie de la ligne de temps chacune de ces couleurs préfère-t-elle jouer ?

Quels ajustements devez-vous faire pour vendre à chacune des quatre couleurs différentes ?

Quelles sont, selon vous, vos deux principales couleurs ?

Quelle est votre couleur de défi ? Avec qui avez-vous du mal à établir un lien ?

Gardez un œil sur les personnes avec lesquelles vous pensez vous entendre et sur celles avec lesquelles vous avez du mal à traiter.

RÉSUMÉ DE LA PARTIE II
Influencer les autres - obtenir ce que vous voulez

La deuxième partie portait sur la communication authentique. Je l'ai décomposée en trois outils de communication que vous pouvez utiliser avec vos clients, votre famille et vos amis. Ce sont des outils que vous pouvez utiliser dans tous les contextes de votre vie pour vous aider à influencer les autres. J'espère qu'ils vous aideront dans des domaines allant de l'éducation et des relations à l'excellence en boîte de nuit ! Amusez-vous bien avec eux !

Conclusion

J'espère que vous avez apprécié ce livre. Je vous mets au défi de réfléchir à la manière d'utiliser les outils pour améliorer ce que *vous* voulez pour vous-même. Relisez les parties qui ont compté pour vous et mettez-les en évidence. Nous avons tous besoin de rappels pour nous aider à obtenir ce que nous voulons.

Voici un résumé des outils que vous avez désormais à votre ceinture d'outils. Vous pouvez les sortir chaque fois qu'ils sont appropriés :

Démanteler le mur électronique

Le papillon

Le coucher du soleil

Agir comme si

POUR

Positif, positif, positif - négatif

Les couleurs

En annexe, j'ai inclus un résumé des questions rapides de la fin de chaque chapitre pour vous rappeler comment vous vous situez. Relisez-les souvent et réfléchissez à la manière dont vous pouvez appliquer les différents outils d'influence dans vos activités quotidiennes.

Travailler avec les gens est un tel plaisir. J'éprouve un immense plaisir à voir les gens accroître leur niveau de réussite, tant sur le plan personnel que professionnel, en mettant ces outils en place. J'espère que vous choisirez vos préférés et que vous les mettrez en pratique. Pour paraphraser le Dr Adam Fraser dans l'avant-propos de ce livre, "Nous n'avons pas un problème d'information, nous avons un problème de mise en œuvre". Agissez et mettez en œuvre !

Annexe : Comment faites-vous le suivi ?

Un résumé des questions rapides

CHAPITRE 1 - OUTIL NUMÉRO 1 : BRISER LE MUR ÉLECTRONIQUE

Pouvez-vous faire un meilleur travail pour trouver qui sont les décideurs ?

Êtes-vous cohérent dans la découverte des méthodes de communication préférées de vos clients ?

Dans l'affirmative, la méthode préférée du client est-elle aussi la plus efficace ?

Établissez-vous un calendrier de décision avec vos clients et définissez-vous des attentes claires ?

Avez-vous l'habitude de définir les prochaines étapes à chaque point de contact du cycle de décision avec vos clients ?

Laissez-vous quelque chose dans la chambre pour les réunions en face à face ? Laissez-vous les clients avec une raison de vouloir vous rencontrer ?

Certains clients vous font-ils tout simplement perdre votre temps ? Y a-t-il des clients dans votre entreprise qui prennent tout simplement trop de temps pour aucune récompense ?

CHAPITRE 2 - OUTIL NUMÉRO 2 : LE BUTTERFLY

Quelles sont les activités que vous remettez à plus tard alors que vous savez qu'elles devraient être prioritaires ?

Vous surprenez-vous à tomber dans un état négatif lorsque vous n'avez pas réussi à établir des priorités et à prendre des mesures pour des tâches importantes ?

Comment pouvez-vous changer votre propre langage avec vous-même lorsque vous ressentez l'effet papillon ?

Dans quels domaines de votre entreprise et de votre vie pourrez-vous appliquer l'effet papillon ?

CHAPITRE 3 - L'OUTIL NUMÉRO 3 : L'OUTIL DE L'AU COU DU SOLEIL

À quoi ressemble votre coucher de soleil sur 12 mois sur le plan professionnel ?

Quelles actions devez-vous entreprendre pour l'atteindre ?

Comment pourrais-tu t'améliorer en vivant dans le présent ?

Quels sont les problèmes que vous rencontrez et qui vous empêchent parfois d'avancer ? Comment sabotent-ils votre réussite ?

Pour transformer ces éclats en apprentissage, demandez-vous pourquoi, à votre avis, ces choses se sont produites. Qu'avez-vous appris ? En quoi le fait de savoir cela améliore-t-il votre capacité à réussir maintenant ?

Avez-vous idéalisé le passé et la façon dont les choses étaient autrefois d'une manière qui n'est pas constructive ?

Vous êtes-vous senti paralysé dans l'entre-deux, vous demandant quel devrait être le plan pour aller de l'avant ?

Avez-vous besoin d'embrasser une nouvelle réalité dans votre entreprise et d'adopter de nouvelles habitudes et de nouveaux comportements ?

CHAPITRE 4 - OUTIL NUMÉRO 4 : POUR FAIRE COMME SI

Que signifie "faire comme si" ?

Quels sont les cinq changements simples qui changent la façon dont vous êtes perçu ?

Serait-il utile d'imprimer une liste de ces quarts ou de les avoir comme écran de veille ?

Dans lequel de ces domaines êtes-vous naturellement bon ?

Lequel de ces domaines nécessite le plus de travail de votre part ?

Comment pouvez-vous appliquer le concept d'agir comme si dans votre entreprise et votre vie ?

CHAPITRE 5 - L'OUTIL NUMÉRO 5 : POUR, ORF, ROF

Dans quel contexte utiliseriez-vous chacun des termes FOR, ORF et ROF dans une conversation ?

Comment pouvez-vous utiliser FOR en tant que vendeur pour développer des relations ?

Comment pouvez-vous utiliser FOR en tant que leader ?

Comment utiliseriez-vous FOR dans le développement d'une base de données ?

Comment FOR pourrait-il améliorer l'énergie et la politique dans un bureau ?

Comment allez-vous appliquer l'outil du FOR à votre entreprise et à votre vie ?

CHAPITRE 6 - L'OUTIL NUMÉRO 6 : POSITIF, POSITIF, POSITIF - NÉGATIF

Quels sont les domaines de votre vie dans lesquels vous êtes motivé par le plaisir que vous procure l'activité ? Dans quels domaines êtes-vous motivé par l'évitement des conséquences négatives ?

Votre vie est-elle principalement motivée par la joie ou par l'obligation ?

Pourquoi les mots *what would be a shame* suscitent-ils un engagement à *agir* de la part de votre interlocuteur ?

Pouvez-vous imaginer trois scénarios différents dans votre vie dans lesquels vous pourriez utiliser positif, positif, positif - négatif ?

CHAPITRE 7 - L'OUTIL NUMÉRO 7 : LES COULEURS

Quelles sont les caractéristiques des personnalités rouge, jaune, aqua et bleue ?

Dans quelle partie de la ligne de temps chacune de ces couleurs préfère-t-elle jouer ?

Quels ajustements devez-vous faire pour vendre à chacune des quatre couleurs différentes ?

Quelles sont, selon vous, vos deux principales couleurs ?

Quelle est votre couleur de défi ? Avec qui avez-vous du mal à établir un lien ?

www.ingramcontent.com/pod-product-compliance
Lightning Source LLC
LaVergne TN
LVHW080040170826
845677LV00025B/1840
* 9 7 9 8 3 7 4 6 7 7 7 9 9 *